门店运营与管理

职 业 教 育 教 材

主 编 王 翎

U0329988

华东师范大学出版社
·上海·

图书在版编目(CIP)数据

门店运营与管理/王翎主编. —上海:华东师范大学出版社,2015.6

ISBN 978 - 7 - 5675 - 3679 - 1

Ⅰ.①门… Ⅱ.①王… Ⅲ.①商店-运营管理-高等职业教育-教材 Ⅳ.①F717

中国版本图书馆 CIP 数据核字(2015)第 134452 号

门店运营与管理
职业教育教材

主　　编　王　翎
责任编辑　李　琴
审读编辑　罗　彦
封面设计　冯　笑
版式设计　罗　彦

出版发行　华东师范大学出版社
社　　址　上海市中山北路 3663 号　邮编 200062
网　　址　www.ecnupress.com.cn
电　　话　021 - 60821666　行政传真 021 - 62572105
客服电话　021 - 62865537　门市(邮购)电话 021 - 62869887
地　　址　上海市中山北路 3663 号华东师范大学校内先锋路口
网　　店　http://hdsdcbs.tmall.com

印 刷 者　上海昌鑫龙印务有限公司
开　　本　787×1092　16 开
印　　张　15.5
字　　数　348 千字
版　　次　2016 年 1 月第 1 版
印　　次　2022 年 7 月第 6 次
书　　号　ISBN 978 - 7 - 5675 - 3679 - 1/G·8380
定　　价　39.00 元

出 版 人　王　焰

(如发现本版图书有印订质量问题,请寄回本社客服中心调换或电话 021 - 62865537 联系)

职业教育任务引领型课程教材开发研究
课题组成员

项目组组长　于兰英　陆国民

项目主持　谭移民

项目组成员　茅维蓝　曾海霞　袁　笑

唐由庆　王珺萩　赵建军

李　琴　顾　平　王　翎

编写人员名单

主　　编　王　翎（上海市商贸旅游学校）

主　　审　于　人　曹　静

编写人员（按姓氏笔画排序）

苏　佳（上海市商贸旅游学校）

沈霄云（上海市商贸旅游学校）

茅　燕（上海市商贸旅游学校）

费耀亮（上海市商贸旅游学校）

什么是一本好教材？大凡教材编写者心中都有个标准或看法，都希望编写出来的教材符合自己的期望，成为一本好教材。作为教材编写者，可能首先得想一想，教材是给学生看的还是给教师看的？主要是适合学生"学"的需要还是教师"教"的需要？对这个问题回答不同，教材的整体设计、编写思路、呈现方式等都会不一样。当今教育改革越来越强调以学生为中心，"学生"和"学习"成为教学的关键词，理应成为教材编写的逻辑核心。

好的教材首先要让学生喜欢看。如果编写出来的教材学生不爱读，"学"便失去了基础。如何让学生爱读呢？首先就是要站在学生角度、按照学生所习惯的思维逻辑，而不是成人的角度去思考；要用学生喜闻乐见的形式，而不是成人的语言与形式；就是要贴近学生的实际，而不是成人的生活圈子。总之，教材编写者心中始终应想着学生，教材的第一使用者始终应是学生。

好的教材不仅要吸引学生看，还要引导学生做。陶行知先生曾说："教材有没有引导人动作的力量？有没有引导人干完一个动作又干一个动作的力量？"职业教育的教材更加要突出"做"的特点，要让学生看了教材产生做的冲动，而且知道要"做些什么"、"怎么去做"。职业教育的教材，应是以"做"为特色鲜明的教材。

好的教材还要让学生乐于想。教材不仅仅是给学生知识和技能，更要注意要给学生打开思想和智慧的大门，要给学生插上想象的翅膀。职业教育的教材，特别是专业教材，要引导学生去思考，要有对未来职业的憧憬和向往。

基于以上认识，上海市教育委员会教学研究室根据《教育部关于"十二五"职业教育教材建设的若干意见》（教职成【2012】9 号）文件中有关"加强教材开发研究"的要求，结合上海中等职业教育正在进行的"实践导向、任务引领"的课程改革，成立了"职业教育任务引领型课程教材开发的研究"课题组。经过一年多的教材开发研究与实践，课题组对职业教育教材的基本特征、开发理念、教材结构设计等方面提出了一些自己的观点和构思，并结合研究体会，编写了《药品质量检验》和《门店运营与管理》两本教材。这两本教材努力探索职业教育课程与教材改革的规律，体现了课题研究组对教材编写的最新研究成果，主要有两个突出特点：

1. 教材中有学生

教材编写者秉持以面向学生、服务学生为出发点，站在学生角度编写教材，编写学生喜欢的教材，这是教材编写理念和思路的重大转变。编写教材的教师们在这方面动了许多脑筋,例如在教材的每个模块,先设计一个贴近学生生活或职场的问题,作为导向,激发学生兴趣,引发学生思考。还例如在教材语言方面,尽量避免用灌输式的口吻和过于书面化语言,《门店运营与管理》采用了二人的对话表述方式,以增强教材对学生的亲切感和交流感。

2. 教材中有任务、有活动

为了将理论知识与技能的学习有机融合,以利于学生在做中学,教材编写者根据每个模块中学习目标,从工作实际选择典型任务,作为载体,让学生在完成任务的过程中掌握相关知识与技能,养成良好职业素养。例如在《药品质量检验》这本教材"维生素类药物分析"模块中,选择了维生素 C 片的检验作为典型任务。教材以任务为载体,按中职生学习的基本规律,即任务描述、任务准备、任务实施、任务总结与评价、任务拓展,设计相关活动,为教师"教"和学生的"学"搭建起一个活动的基本框架,是对传统教材按知识逻辑体系编排内容、活动设计相对弱化的一次改革。

这两本教材的编写是一次有益探索,它们为教师们如何编写出优质的职业教育教材提供了样板。任何优秀教材都不是一蹴而就的,必定经历过不断完善的过程。希望广大职业学校的教师,在课堂实践的基础上,不断研究总结,汇集智慧,编写出更多适合学生的好教材,不仅成为上海职业教育发展的物化成果,更使广大职业教育学生们从中获得受益。

陆靖

2015 年 7 月

　　为配合中等职业教育教学改革的探索，上海市教委教研室组织编写了行动导向任务引领型系列教材，《门店运营与管理》就是其中之一，目的在于满足中等职业学校商贸类专业的课程教学改革已经采用的任务引领行动导向的教学模式，以学生为主体的教学和学习的需要。

　　本教材以"学生通过做能学得更好"为理念，不是简单地将知识和信息塞入学生的头脑，而是依据学生的认知规律，用可见、可读的事例引起学生的学习兴趣，以典型门店的日常运营与管理为教学内容，用活泼的语言和贴近学生的写法引导学生探索新知、学习新技。本教材以学生为主体，调动学生运用大脑探究知识及应用所学解决问题的积极性。

　　本教材在编写中主要突出了以下特点：

　　一、情境性

　　本教材设计了生动的职场情境。由于中职生从小学到初中远离职场，他们对职场工作环境相当陌生，这已成为他们学习专业课程的首要障碍，这种陌生使得学生对教师的教学内容往往是一知半解并且学过就忘。本教材四个项目开头部分，通过金先生运营、管理门店的四个小故事为源起，带领学生进入任务情境，精心设计的思维导图则是引导学生建立起整个模块的逻辑思路。每个项目的工作情景图，以及故事化的情景描述，让学生对职场一下子亲近起来，由此达到我们吸引学生进入任务情境的目的。

　　二、趣味性

　　本教材努力尝试寻找提高学生学习兴趣的途径，教材设计了丰富多彩的情景性图片和与任务内容相关联的有趣插图来吸引学生的眼球，设计和采用了多个符合中职学生年龄特点的互动小游戏，寓教于乐，唤起学生对知识和技能学习的兴趣。任务驱动是目前有效调动学生学习积极性的方法之一，以完成一个个任务作业的方式开展的任务学习能激发起学生完成任务的兴趣，而任务流程图如同一张作战地图，知识窗和小贴士又如同学生成功的锦囊，帮助学生一步一步完成任务，这些成为了吸引学生努力学习的一块块磁石。

　　三、互动性

　　本教材突破以往教材的单方面地说教和叙述，用贴近中职学生的对话形式，引导学生边做边思考，步步深入、层层递进。在完成任务的过程中，学生的问与师傅的答情境性强，师傅的小贴士如同师傅对徒弟的贴心耳语，仿佛是职场中师傅带徒手把手培养过程的情景再现。本教材的互动性还体现在练习中的评价部分，教师、小组、个人三方评价，学生看

前　言 | Qianyan

到的不是一个平面的自己，而是在团队中立体再现的自我，三方的互动更现实、更全面。

四、多重性

本教材注重中职学生知识的理解和技能的掌握的规律，采用多种方式打开学生的思维，开拓学生的眼界，阶梯递进，分层教学。采用多次训练，以练补拙，熟能生巧，在练习中培养学生的知识和技能、在实践中培养学生的职业素养。采用多重评价让学生全方位地认识自我，学生在这种多维度的评价中认识到个人的不足，更加有利于其职业素养的全面提升，从新的角度拓展了个人进一步成长的空间。

本教材可供商贸类市场营销、连锁经营专业学生学习"门店运营与管理"课程的使用，同时本教材也可以作为商贸企业门店培训店长、主管的培训教材。本教材的主编和统稿是上海市商贸旅游学校的王翎老师，副主编是上海市商贸旅游学校的费耀亮老师，参与编写的还有上海市商贸旅游学校的茅燕、苏佳、沈霄云老师。本书在编写过程中得到上海市教委教研室课题组老师们的指导和支持，参考和引用了国内外相关的资料和著作，在此表示衷心的感谢。由于编者水平有限，书中定有一些不足之处，恳请读者批评指正。

编　　者
2016 年 1 月

目 录

Mulu

目 录 Mulu

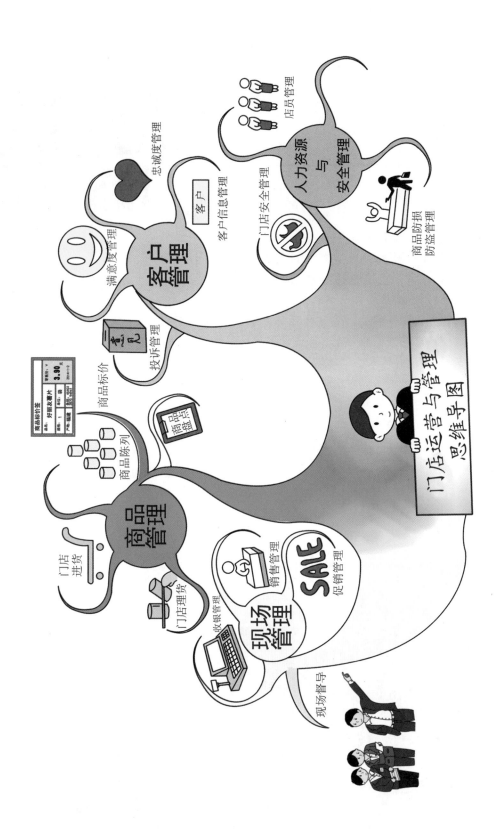

商品管理

　　十年前,金先生开了一家名叫"爱家"的小超市,经过多年的经营,他已经把这小小的店从几平方米的小超市,扩展成了一个上、中、下三层,营业面积达 3000 平方米的综合性商业门店,经营的品种多达 5000 多种。门店一楼经营服装、化妆品、珠宝等商品,二楼和三楼分别是卖食品和日用品的超市。

　　"管好店,首先要管好商品",金先生带领前来访问的学生在店里边参观边介绍:"在我看来,管理商品可不是一件简单的事,首先要商品齐全,保证顾客来店时能够买到他满意的商品。为此我每天需要检查商品是否脱销,随时把握商品销售数量,保证货品的准确性。"金先生说:"做商品管理,我需要做好进货、标价、陈列、理货、盘点这几项工作。"

　　听了金先生的介绍,同学们感叹道:要成为一个门店商品管理的行家,要了解的东西还不少呢。

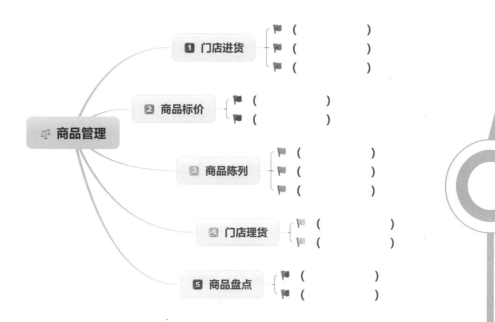

请在学完本项目后,完成以上思维导图中的填空。

模块 1.1　门店进货

读下面各组数,并快速说出下面各组数字中少了数字几?

123456790　123456789　123456890

123567890　134567890　124567890

123567890　123467890　123456790

迅速查出所缺货物是商品管理中的一项基本功,这个游戏就是锻炼你准确查找缺失货品的能力。

模块介绍

工作情景图

图 1-1-1　门店进货的工作情景图

学习目标

● 能熟练说出订货、收货、退换货作业的流程及相关规则。

● 能合理、规范地实施订货、收货、退换货作业。

今天,小张和三位同学被安排到金先生的商店来实习,他们这个阶段的主要任务是学习商品的管理。金先生把他们带到负责进货的李师傅的办公室,让他教学生"门店进货"。李师傅看着大家充满求知欲的眼神,很热情地说:"进货是商品管理的基础工作,它看起来简单,其实有一定的操作规范和技术要求哟,让我们一点点学起来吧。"

1.1.1 订货

任务描述

今天是周四,金先生的门店又要补充一批新货品了,李师傅带领小张和另外三位同学一起来完成这项工作,他们要做的第一项工作就是订货。你了解订货的过程是怎样的吗?下面我们来看看他们是如何实施这项任务的吧。

作业流程图

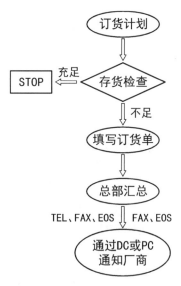

图 1-1-2　订货的作业流程图

知识窗

1. 什么是订货作业?

订货作业是门店在连锁企业总部所确定的供应商及商品范围内,依据订货计划而进行的叫货、点菜或称为添货的活动。

2. 订货作业的方式有几种?

订货作业有两种方式:(1)手工下订货单;(2)电子系统下订货单。

3. 订货作业遵循的原则是什么?

(1) 存货检查:①考虑是否需要订货;②考虑如何处理过量的存货;③检查存货的品质。

(2) 适时订货:订货时要注意货物的时效性。

(3) 适量订货:订货时要考虑商品每日的销售量,同时计算订货至送达门店的前置时间。

4. 什么是电子订货系统?

电子订货系统(electronic ordering system,缩写 EOS),是指将批发、零售商场所发生的订货数据输入计算机,即通过计算机通信网络将资料传送至总公司、批发商、商品供货商或制造商处。

 任务实施

李师傅从档案盒中拿出上面贴着"二楼食品超市订货册"的工作簿,对小张及同学们说:"要制订准确的订货计划,必须对照订货册查出缺货的商品及数量。"

步骤 1:制订订货计划

作为门店采购人员的李师傅马上开始做的工作就是根据订货周期的库存量,制订订货计划,并报给门店经理审核。

> **想一想:**在制订订货计划前清点库存数量为什么这么重要? 订货量为什么以日均销售量为基础?

李师傅告诉同学们:"门店采购人员每周要进行库存数量清点,清点了库存的数量,就会心中有数,什么货订多少就明确了,这样订货计划就能准确,这个程序是制订订货计划的必经程序。"

小张和同学们通过库存清点发现:店中的 100 g 小包装康师傅方便面的库存为 1 箱、1 L 装福临门牌调和食用油库存为 2 箱,500 g 包装的雀巢奶粉库存为 1 箱……按日常的销售情况,这些商品都要订货了。

步骤 2:填写订货单

李师傅要做的第二项工作是依据订货计划填写订货单。填写订货单有两种方式:一种方式是手工填写订货单,另一种方式是在电子订货系统(EOS 系统)上填写订货资料。

手工填写是指在印好的表单上,手工填上订货的品种、规格、数量、单价等重要数据,电子订货则是指将这些重要的数据填写在电脑中的电子表单上。

步骤3：生成订单

门店手工订单生成后，李师傅拿着它找到门店经理签字。李师傅向同学们解释说："如果是电子订单，一般在门店经理确认后由门店采购人员录入电脑，生成电脑订货单；如果是连锁门店则由门店采购人员将订单传到总部采购部货品续订组。"说完后他又提醒大家："由于订单一旦发出就具有合同的效力，所以门店在填订货单时应慎重，特别是数字方面要准确无误。"

想一想：生成的订单为什么要让门店经理（店长）确认后才生效？

步骤4：发送订单

在订单生成后，门店采购人员将订单发送给供应商。传递订单是使订货流程起到实质作用的重要步骤，供应商只有在收到订单后才会为门店备货。最后李师傅特别强调："采购人员在传递订单之后，一定要向供应商确认是否收到了订货单。"

想一想：采购人员在传递订单之后为什么一定要向供应商确认是否收到了订货单？

小贴士

（1）门店一般的订货周期为一周两次，即周一、周四。门店应在16:00前完成订货单的确认工作，采购人员应当在17:00前确认电脑订货单，并传真至供应商处。紧急订货不受订货周期的时间限制，必须由门店经理或其以上职位的人员签名确认。

（2）订货量的计算方法。

在每天销售量接近平均销售量且稳定的情况下，订货量为：

订货量 ＝ 日均销售量×（订货周期＋安全库存天数）－库存－在途商品＋调整量

实例：在连锁门店中，康师傅方便面日均销售量是2箱，订货周期是7天，安全库存天数是3天，现有库存是4箱，现有5箱在配送中，今天又有一顾客来电话订购了1箱，请问若今天爱家连锁门店准备订康师傅方便面，应订几箱？

解答：订货量＝日均销售量×（订货周期＋安全库存天数）－库存－
　　　　在途商品＋调整量
　　　　＝2×（7＋3）－4－5＋1＝12（箱）

（3）门店遇到特殊情况需要紧急补货时，可在总部配送中心核实后，做配送单送货到门店。需要供应商直接供货的，可直接打电话通知供应商送货。

（4）连锁门店的订单分为"直送"和"配送"两种物流模式，订单的物流模式为直送的，由采购集中审核后，系统以自动传真或电子商务形式传递给供应商；订单的物流模式为配送的，由配送中心集中审核后，生成配送通知单，由配送中心发货。

（5）订货人员可以挑选几家比较诚信的供应商，选择其中货品质量好、便宜的供应商进行讨价还价，争取得到价格最低、质量最好的商品。

任务拓展

认识 EOS 电子订货系统的操作流程

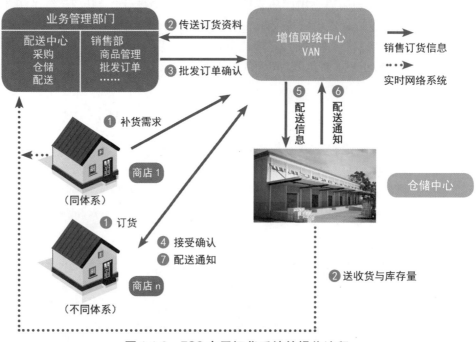

图 1-1-3　EOS 电子订货系统的操作流程

店里马上要使用一套电子订货系统了,李师傅带着同学们一起听订货系统供货商的技术人员给他们演示系统流程:

第一步:在零售店的终端利用条码阅读器获取待采购商品的条码,并在终端机上输入订货资料,利用网络系统传到批发商的计算机中。

第二步:批发商开出送货传票,并根据传票开出拣货单实施拣货,然后根据送货传票进行商品发货。

第三步:送货传票上的资料成为了零售商店的应付账款资料及批发商的应收账款资料。

第四步:零售商对送到的货物进行检验后就可以陈列出售了。

技能训练

一五一拾日用精品店是一家全国连锁门店,经营面积为 150～200 平方米左右,主要经营各类日用百货、副食品等。由于其货品特别符合中等收入家庭的需求,深受周边居民的欢迎。以下活动是门店日常工作中的一部分,一起来完成这些活动吧!

活动 1:

一五一拾日用精品店是按照门店订货的标准流程进行手工下单订货的,请你写出他们订货的流程。

活动 2：

　　在一五一拾日用精品店中，"可口可乐"的日均销售量是 20 箱，订货周期是 7 天，安全库存天数是 4 天，现有库存是 2 箱，现有 4 箱在配送中，今天有一顾客来电话订购了 2 箱，请问今天门店是否该订可口可乐了，如果要订应订几箱？

活动 3：

　　填写"可口可乐"商品的订货单，相关信息如下：

　　①商品条码为 6954767423579；②单价为 50 元/箱；③补货数量为"活动 2"中计算出的数量；④商品编码为 2202100090；⑤无换货、无退货。

商品订货单（手工单）

_____年___月___日

供应商：_____　　电话：_____　　传真：_____

收货门店：一五一拾连锁_____路店

电话：_____　　　　联系人：_____

商品编码	商品条码	商品名称	单价	补货数量	需换数量	需退数量	金额	备注
		可口可乐						

✎ 知识练习

一、选择题（请将选出的答案填在括号内）

1. 门店进货包括三个环节：订货、收货和退换货，其中的首要环节是（　　　）。

　　A. 订货　　　　　　B. 收货　　　　　　C. 退换货　　　　　　D. 理货

2. 门店订货要依据（　　　）。

　　A. 订货单　　　　　B. 收货单　　　　　C. 退换货单　　　　　D. 理货单

3. 订货作业除手工作业外还有（　　　）。

　　A. 电子订货　　　　B. 电话订货　　　　C. 短信订货　　　　　D. 微信订货

4. 订货作业应遵循的原则是适时、适量还要（　　　）。

　　A. 检测　　　　　　B. 存货检查　　　　C. 清查　　　　　　　D. 清理

5. 连锁门店的订单分为直送和（　　　）两种物流模式。

　　A. 直达　　　　　　B. 直检　　　　　　C. 配送　　　　　　　D. 配货

二、判断题(请在正确的表述后面用"T"表示,错误的表述后面用"F"表示)

1. 制订订货计划前不用清点库存数量。(　　)

2. 门店应在中午 12:00 前完成订货单的确定工作,采购人员应当在下午 16:00 前确认电脑订货单,并传真至供应商处。(　　)

3. 订货单发出前必须由门店经理(店长)确认。(　　)

4. 采购人员在订单传递之后就完成了任务。(　　)

5. 订货一般需要订一周的量。(　　)

1.1.2　收货

任务描述

　　金先生的门店确定订货后,就要根据订货单与供货商联系,确认本次进货明细单和发货日期,然后在进货前清理好卖场和库房货架,为收货做好准备,如果你是负责收货工作的职员,你该如何正确地开展收货作业呢?

作业流程图

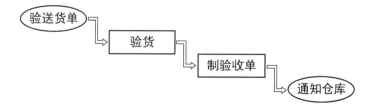

图 1-1-4　收货的作业流程图

知识窗

1. 什么是收货作业?
商店为销售而购进货物,当货物送达时的接收过程称为收货作业。

2. 收货应当选择在什么时间进行?
收货应当适时,一般要求赶在旺季前,避开节假日。

任务实施

"在收货环节中，首先进行的是验送货单，然后再验货，如果检查无误便可以制作验收单，通知仓库收货。"李师傅边说边带领小张和三位同学开始收货作业了。

步骤 1：验送货单

当送货厂商将商品运送至收货区时，李师傅带同学们对送货单上所列的各项条目仔细核对，检查内容包括厂商编号、送货地点、送货日期、订单编号、商品名称、规格、条码、生产日期、收货部门、收货数量等项目，主要是确认是否与订货单一致。

想一想：送货人员为什么要提供商品订货单和送货单？

在完成验送货单环节之后，李师傅对同学们说："收货是进货工作中的接收环节，误收和错收都会给后面的工作带来麻烦，因此，在收货之前首先要验送货单，要检查送货单上的各项条目与订货单是否一致，不一致时应要求送货人员重新送货。"

步骤 2：验货

验完送货单后，李师傅带领大家对收到的商品进行仔细核对，检查商品名称、品质、规格、条码、生产日期、收货部门、收货数量等信息是否与送货单一致，同时检查是否有待退商品。在验收商品无误后，李师傅引导大家在订单"实收栏"中填写实际验收数。验收结束，李师傅提醒大家必须在验货员栏签字确认。

想一想：为什么验收人员原则上应有两个人或两个人以上？

在完成验货环节之后，李师傅对小张说："验货是对货物进行检验的环节，一般由两人或两人以上完成，收货人员须认真检查商品各方面的情况，发现没有达到订单中规定标准的商品坚决退回，因为不合格的商品如果进入了销售柜台，不仅会带来销售损失，而且会对门店的信誉产生不好的影响，所以门店在验货这一环上要进行严格的把关。"

步骤 3：制验收单

经过了验单和验货的环节，李师傅将验单和验货的情况报告给录入人员小梅，小梅根据订单号生成商品进货验收单。李师傅告诉大家："如果是自采商品可以凭已验收的供货商送货单直接录入并生成验收单。"

想一想：为什么自采商品可凭已验收的供货商送货单直接录入并生成验收单？

步骤 4：通知仓库

李师傅让供应商送货人员与他一起，在一式三联的商品验收单上签名确认，即收货主管对商品验收单和供应商送货单进行核对后盖章确认，然后通知仓管人员收货。

想一想：为什么要同供应商送货人员一起在商品验收单上签名确认？

小贴士

（1）新开业的门店进货量不要太大，同时须在营业期间观察客户需求的商品有哪些，经过一年半载，基本可以定位商店的进货方向、数量、消费档次，从而形成快速循环，为门店赢得利润。

（2）验收工作在原则上由两人或两人以上进行。若订单上有搭赠的商品，还应当验收搭赠商品的数量。在录入商品验收单时，相同商品直接在搭赠栏里录入搭赠数量即可。自采商品仅提供供货商的送货单。

（3）核对厂商送货单上的进货单价与电脑进价是否一致，低于电脑进价的，则以低于价验收，高于电脑进价的，则以电脑订单为准。

（4）商品验收单一式三联，其中第一联白联为财务记账联，第二联为供货商联，第三联为存根联。收货人员持商品验收单第一联、供货商送货单第二联、商品订货单合并一起送至门店财务部门，由财务与电脑数据复核，做票据记账。商品验收单第二联供货商联和供货商送货单第一联，由供货商留存作为结算凭证。

 任务拓展

电子系统中的入库验收单

大多数的商业企业都采用电子系统来管理自己的商品，图 1-1-5 是电脑系统上的一份门店商品验收单，验收单的条目很详细，对商品库存管理起到了重要的作用。

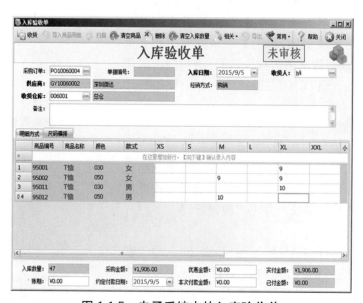

图 1-1-5　电子系统中的入库验收单

技能训练

一五一拾日用精品店向文具类供应商下了一份订货单,如下表所示:

商品订货单(手工单)

_____年___月___日

供应商:××文具批发有限公司　　　　电话:×××××××　　　　传真:×××××××

送货门店:一五一拾连锁　____××____路店

电话:×××××××　　　　　　联系人:×××

商品编码	商品条码	商品名称	单价	补货数量	需换数量	需退数量	备注
A3005	6932835327211	中华铅笔 HB	1.8元	5件	0	0	
A3010	6928311011307	枫牌橡皮	1.2元	1件	0	0	
A3015	6951749401204	四方笔记本	5.0元	10件	0	0	
B3032	6932838327721	星星水彩笔	6.5元	5件	0	0	

活动1:

请在一五一拾日用精品店(或其他任一门店)做一次收货员,并写出收货流程。

活动2:

请你根据一五一拾日用精品店的"商品订货单(手工单)"填写下面的收货凭证。

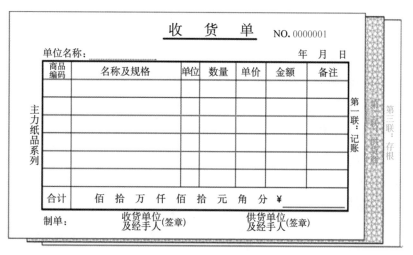

图 1-1-6　收货凭证

知识练习

一、选择题（请将选出的答案填在括号内）

1. 验收工作在原则上由（　　）进行。

A．一人　　　　　　　　B．两人　　　　　　　　C．三人　　　　　　　　D．两人或两人以上

2. 收货应当适时，一般选择在（　　）。

A．淡季前　　　　　　　B．旺季前　　　　　　　C．节假日　　　　　　　D．下班后

3. 自采商品可以凭已验的供货商（　　）直接录入并生成验收单。

A．送货单　　　　　　　B．收货单　　　　　　　C．换货单　　　　　　　D．退货单

4. 商店为销售而购进货物，当货物送达时的接收过程称为（　　）。

A．订货作业　　　　　　B．收货作业　　　　　　C．换货作业　　　　　　D．退货作业

5. 收货作业的第一步是（　　）。

A．通知仓库　　　　　　B．验送货单　　　　　　C．验货　　　　　　　　D．制单验收

二、判断题（请在正确的表述后面用"T"表示，错误的表述后面用"F"表示）

1. 商店进货的目的是为了销售。（　　　）

2. 门店在确认订货后，要做好收货准备。（　　　）

3. 当厂商送货到收货区时，收货人员要对送货单上所列项目进行仔细核对。（　　　）

4. 核对厂商送货单上的进货单价与电脑进价是否一致，低于电脑进价，则以低于价验收，高于电脑进价，则以电脑订单为准。（　　　）

5. 收货时清点清楚货物的数量即可。（　　　）

1.1.3　退换货

任务描述

　　金先生门店的收货员在完成收货工作后，对于验收不合格、发错的货物需要为其办理退换货。对于验收不合格的货物，由仓管员直接退给供应商，或要求换货。现在小张和同学们正要做这项工作，一起来看看他们是如何完成的吧！

作业流程图

图 1-1-7　退换货的作业流程图

知识窗

1. 什么是退换货作业？

商品退换货是指按订单或合同,将收货时发现的不合格或发错的货物办理退回或换货的作业。

2. 退货或换货的原因主要有哪几种？

(1)协议退货,即与仓库订有特别协议的季节性商品、试销商品、代销商品等,在协议期满后,剩余商品仓库予以退回。(2)商品有质量问题的退换货。(3)搬运或运输途中商品有损坏的退换货。(4)商品过期退回。(5)商品送错退回,即送达客户的商品不是订单所要求的商品。

 任务实施

李师傅带同学们开始进行退换货的工作,他告诉同学们:"退换货的工作流程包括三步,第一步是清理退换货的商品,第二步是在完成清理后填制退换货单,最后一步是办理退换货。"接下来就跟着李师傅开始操作吧。

步骤 1:清理需退换货的商品

在验货时,李师傅已经将发现的个别有问题的货物清理了出来,有三种是需要换的商品,还有一种是需要退掉的商品,李师傅对同学们说:"清理退换货的商品,要确认清楚退换货数量,因为这样可以使自己清楚了解有哪些货物存在问题,是否会造成新的缺货数量,是否会影响后面的销售活动。"

> 想一想:清点退换货商品的数量对门店商品管理有什么意义？

步骤 2:填制退换货单

在清理完需退换货的商品后,李师傅拿来了"退换货单"要同学们填制。在填写完后,李师傅将"退换货单"交给供应商签字确认,供应商签字确认后转交会计审核签字。完成这项工作后,李师傅对同学们说:"'退换货单'的填制很重要,要认真完成,经供应商签字确认的'退换货单'是供应商承认自己供货存在瑕疵的法律依据,是退换货的主要依据。"

> 想一想:为什么退换货单要经供应商签字确认？

步骤 3:办理退换货

"填写完退换货单,又该怎么办呢?"同学们七嘴八舌地向李师傅提问。"下面的工作该由仓库管理员来做,仓库管理员在确认退换货物品后,按仓库的退换货流程办理退换货手续。"李师傅停顿了一下接着又说:"对于退换货的商品,仓库管理员不会办理入库手续,在收到供应商

> 想一想:为什么退换货还需要仓库管理员办理手续？

签字确认的'退换货单'后,仓库管理员直接将需要退换货的商品办理退换货。"

小贴士

（1）如商品的条码、品项、规格、重量、数量等信息与订单不符时,都必须退回。

（2）"退货单"一式三联,其中一联交会计,一联交订货员或供应商,还有一联留仓库保存。

（3）退货只须将产品直接退回,换货的流程如同重新订货。

任务拓展

电子系统中的退货单

图 1-1-8 是电脑系统上的一份门店退货出库单,填写这份电子系统中的退货出库单能保证商品库存的正确性。

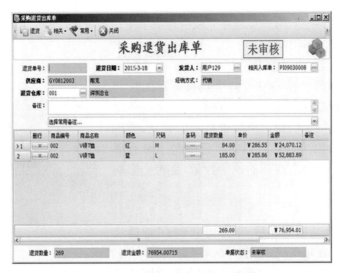

图 1-1-8　电子系统中的退货单

技能训练

活动 1:

为一五一拾日用精品店办理一次各供应商的退货工作,你的操作流程是怎样的?

活动 2:

填写图 1-1-9 中的退货单,所退商品情况如下:

商品代码 CN020015，抓绒帽，灰色，10 顶，单价 60.00 元。

商品代码 Y25202，男商务皮鞋，黑色，10 双，单价 230.00 元。

商品代码 D26354，双肩背包，栗色，6 个，单价 185.00 元。

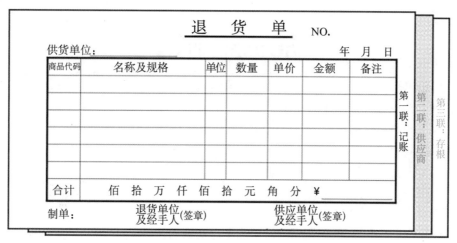

图 1-1-9　退货单

 知识练习

一、选择题（请将选出的答案填在括号内）

1. 发现有不合格和发错的货物应办理（　　）。

A. 收货作业　　　　B. 订货作业　　　　C. 发货作业　　　　D. 退回或换货的作业

2. 与仓库订有特别协议的季节性商品、试销商品、代销商品等，在协议期满后，剩余商品仓库予以（　　）。

A. 退回　　　　　　B. 收货　　　　　　C. 换货　　　　　　D. 查收

3. 如发现送来的商品有质量问题，可以（　　）。

A. 送货　　　　　　B. 收货　　　　　　C. 退换货　　　　　D. 不处理

4. 商品在搬运或运输途中损坏，可以（　　）。

A. 订货　　　　　　B. 进货　　　　　　C. 不处理　　　　　D. 退换货

5. 在收货时，如发现商品过期应当（　　）。

A. 退回　　　　　　B. 赔偿　　　　　　C. 不处理　　　　　D. 收货后重新订货

二、判断题（请在正确的表述后面用"T"表示，错误的表述后面用"F"表示）

1. 商品退换货是指按订单或合同，将收货时发现的有不合格或发错的货物办理退回或换货的作业。（　　）

2. 退货或换货的原因可以是协议退货。（　　）

3. 退货或换货的原因不可以是商品有质量问题的退货。（　　）

4. 退货或换货的原因可以是商品在搬运或运输途中损坏的退货。（　　）

5. 退货或换货的原因不可以是商品过期退回。（　　）

模块 1.1　门店进货

填制进货作业单据

一、实训内容

1. 参加一次门店进货作业的操作。

2. 运用本模块所学的内容,填写订货单、验货单、收货单、退换货单。

二、实训目标

通过本次任务的训练,学会填制进货作业单据。

三、实训过程

1. 明确任务。

将全班分成若干小组,每组 4～6 人,明确本次实训的任务——"填制进货作业单据"。

2. 制定计划。

通过小组讨论,制定工作步骤,确定相应的工作目标、工作内容、工作方法及人员分工,完成"小组工作计划书"。

小组工作计划书

工作内容	工作目标	工作方法	负责人	完成时间	验收人
填制订货单据					
填制验货单据					
填制收货单据					
填制退换货单据					

3. 实施计划。

组织小组参加某门店的进货活动并填写"小组活动记录表"。

小组活动记录表

组别:　　　　　　　　　　　　　　　　　活动时间:

门店名称		门店地址	
建立时间		目前规模	
活动的证明人		证明人所在单位	
证明人职务		证明人电话	
参加活动过程简述			
本次活动的感悟			
证明人对活动的评价			

4. 交流分享。

请各小组将活动的情况进行分析和总结,形成一份书面的报告,在班上进行交流汇报,并将最后的小组评分记入"小组活动汇报记录"中。

小组活动汇报记录

小组序号	分享内容	主讲人	评分

四、实训积分账户卡

教师组织填写"任务完成情况评价要素表",对本次实训过程中学生的完成情况进行一个综合评估。

任务完成情况评价要素表

组别:　　　　　　　　　　　　　　　　　　学生姓名:

序号	考核点	分值(100 分)	得分	累计积分账户
	小组评价	共30 分		
1	态度与纪律	5		
2	出勤情况	5		
3	参与调研时与人沟通的能力	6		
4	参与讨论的积极性	6		
5	团队合作表现	8		
	本人评价	共30 分		
6	收集信息的能力	10		
7	各种表单制作的正确性	10		
8	各种表单填写的正确性	10		
	教师评价	共40 分		
9	门店进货知识的掌握	20		
10	门店进货技能的掌握	20		
	本次实训分数小计			

模块 1.2　商品标价

请你说一说图 1-2-1 的三原色是哪三种颜色,看着这三种颜色你会有怎样的心理感受?

图 1-2-1　三原色

工作情景图

图 1-2-2　商品标价的工作情景图

学习目标

● 能熟练说出商品标价签的内涵。
● 能熟练、正确地制作商品标价签;能按规范管理商品标价签。

情景描述

周日的一天,小张和父母一起到了金先生的超市,一个小小的发现让他异常惊奇:为什么在二楼的超市里有些商品的价格标签颜色不一样呢? 是不是负责放置标签的人不认真造成的呢? 这可是一个管理漏洞,明天我一定要向金先生报告这个发现,帮助他们更好地改进工作。第二天一大早,小张一进店正好迎面遇到金先生,他马上走到金先生的面前礼貌地打招呼并说道:"金先生,早上好! 我发现你们的价签颜色不统一,是不是你们的标价员太马虎了。"听了小张的话,金先生呵呵地笑了起来:"小张同学很细心,观察事物很仔细,我们的标价签的确有不一样的,不过这可不是因为马虎,而是有学问的呢,今天我就让我们负责品类管理的吴经理给你们讲讲价格标签吧!"

1.2.1　选择价签

任务描述

小张与同学们在吴经理的带领下来到了办公室,办公桌上摆放着不同颜色的标价签,吴经理让大家围坐在桌边,他要教会同学们如何正确制作价格标签。

作业流程图

图 1-2-3　选择价签的作业流程图

1. 什么是价签?

用来传达和表示商品销售价格的标识称为价格标识,也称为价签。

2. 什么是三色价签?

根据国家物价局的相关规定,商品流通领域全面推广红、黄、蓝三色价签:政府定价和政府指导价的商品,使用明码实价标签;市场调节价的商品,经营者可以根据市场情况和自身经营的需要,任选明码实价(蓝色)、降价(红色)、特价和会员价(黄色)的标价方式。

3. 标价签各栏目填写的内容是什么?

标价签填写的内容有商品的条码、名称、价格、规格、产地、编码、物价局审批编号等。

任务实施

吴经理从桌上拿过来三种不同颜色的标价签,对同学们说:"我们从认识标价签来学起吧。"

步骤 1:认识标价签

吴经理指着这些标价签对同学们说:"大家请看,我手上的这些就是商品价签,价签上所列的内容是门店提供给顾客的最直接的商品信息,它可以减少顾客受骗的可能性,还便于商场管理商品,商品如果没有明确的价格标签,就很可能失去一些随机性的交易机会。"小张问道:"吴经理,为什么它们是不同颜色的呀?"吴经理给每位同学各发了三种颜色的价格标签接着说:"我们工作的第二步就是选择价格标签。"

> 想一想:为什么标价签能为顾客提供商品信息呢?

步骤 2:选择标价签的颜色

吴经理让同学们观察一下手中的价签一般有哪几种颜色,坐小张旁边的小赵同学脱口而出:"我手中有三种,分别是红色、黄色和蓝色,难道不同的颜色有不同的含义吗?"吴经理回答道:"当然有不同的含义,零售(包括批零兼售)商品用红、黄、蓝作为降价促销、特价(会员价)和明码实价三种标价签的颜色,红色代表降价促销,黄色代表特价、会员价(一般较少用),蓝色代表实价(实际零售价)。"

> 想一想:价签为什么要采用不同的颜色?

步骤 3:填写标价签

"价签应如何填写呢?"吴经理详细地向大家介绍道:"在信息技术发达的今天,大部分门店的价签是机打出来的,无须员工手工填写,此外价签的内容一定要完整无误。"

价签填写的具体要求如下:

(1) 条码,超市的商品要打印条码(13 位)。

> 想一想:为什么价签上要有物价局审批编号?

(2) 品名,要打印全称,比如"亲亲什锦果冻",不能只写简称"亲亲果冻"或"果冻"。同种商品但口味不同的要把口味写在商品名称中,以将它们区分开来。

(3) 产地,要求要准确到市。商品的原料从国外进口但在国内组装,这样的商品产地都要写国内,例如:婴儿用的爽身粉,原材料是韩国的,但在国内罐装,制造商是保定某家公司,商标是德国的,这种情况都要写国内的。

(4) 规格,商品包装的含量,如"亲亲什锦果冻"规格为"150 g",对于散装食品,规格写"散",没有规格的计件商品,规格写"统一"(如饰品类)。

(5) 单位,商品最小售出的单位,散装商品按斤出售,计量单位为 500 g,其他的单位有"个"、"袋"、"瓶"、"罐"、"听"、"件"、"条"等,如茶叶的最小计价单位是"两",即 50 g。

(6) 等级,有的商品会分级别,比如开心果有"一级"或"特级"之分。

(7) 零售价格,商品价格必须精确到分,比如 25.80 元,不可以写成 25.8 元。

(8) 物价局审批编号,价签最下方,可以机打,特殊规格无法机打的小价签可以手写。

(9) 编码,它在价签中的作用是方便归类。

在吴经理细心的引导下,同学们认真完成了标价签的制作。

小贴士

价签书写的规范:如是机打标签,应保证文字油墨清晰,如是手写标签,应使用黑色水性笔用正楷书写。此外,填写的内容要与商品相符,要具有真实性。

图 1-2-4 规范的价签

任务拓展

不同环境下不同规格价签的选择

1. 选择促销价签。

一般选择规格(13 cm×18 cm)的价签,商场主要将它用于促销堆头、粮调、散货、蔬果等货架比较矮的地方。

13cm × 18cm

图 1-2-5 促销价签

2. 选择百货商场的一般销售价签。

一般选择规格(9 cm×6.5 cm)的百货版中价签,多用于超市外店。

9 cm×6.5 cm

图 1-2-6　百货版中价签

3. 选择百货版小价签。

一般选择规格(7.5 cm×4.5 cm)百货版小价签,多用于超市外店。

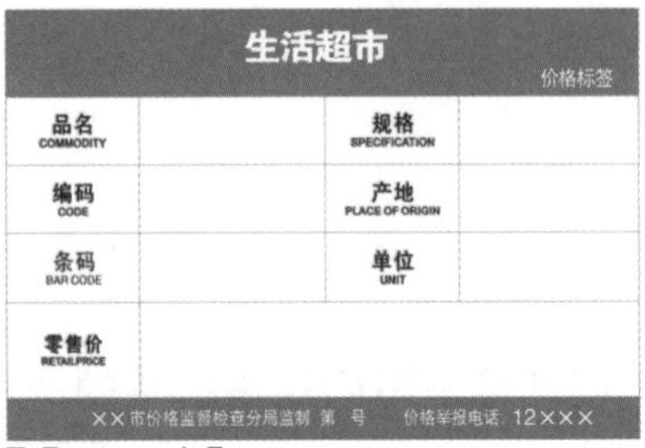

7.5 cm×4.5 cm

图 1-2-7　百货版小价签

4. 选择超市内价签。

一般选择规格(7.5 cm×3.8 cm)超市内价签,多用于超市内的货架(洗化)。

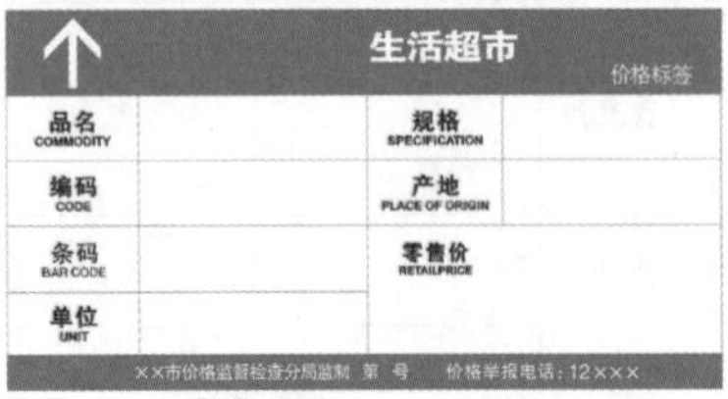

7.5 cm×3.8 cm

图 1-2-8　超市内价签

5. 选择小价签。

一般选择规格(5.5 cm×3.8 cm)的小价签,多用于品类众多的专柜。

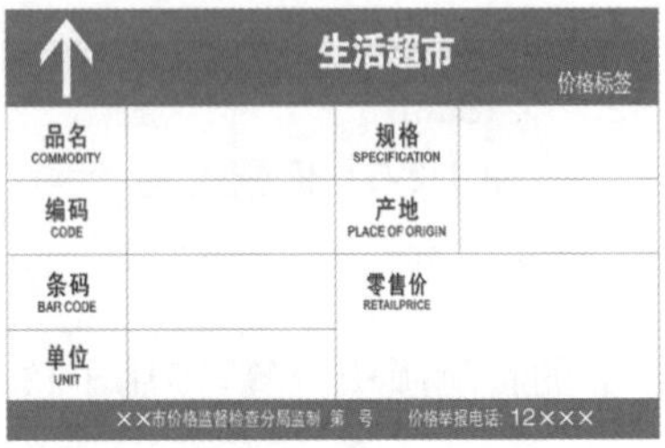

5.5 cm×3.8 cm

图 1-2-9　小价签

6. 选择条码秤价签。

一般选择规格(6 cm×4 cm)的条码秤价签。

6 cm×4 cm

图 1-2-10 条码秤价签

 技能训练

活动 1：

一五一拾日用精品店刚进了一批货，以下是进货商品清单，请你按进货单写出价签。

进货单

序号	品名	商品编码	规格	价格	物价局批准号	商品产地
1	一级玫瑰花茶	6953998400069	50 g	18.00 元	250987905211	西安
2	竹牙签(合格品)	6925226117671	盒	7.20 元	250987887640	咸阳
3	特级矿泉水	6922255451427	瓶	1.50 元	250696785234	西安

活动 2：

图 1-2-11 是小张填制的两张标价签，有不对的地方请你帮他改正过来。

活动 3：

一五一拾日用精品店要举行降价打折的促销活动，现准备对"活动 1"中所列商品进行 7 折促销，请你以原价为标准制作新的标价签。

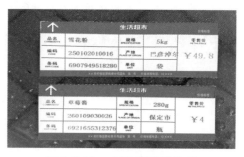

图 1-2-11 小张填写的价签

 知识练习

一、选择题(请将选出的答案填在括号内)

1. 用来传达和表示商品销售价格的标识是(　　)。

A．品牌　　　　　B．商标　　　　　C．价格　　　　　D．价签

2. 三色价签分别是(　　)三种颜色。

A. 红、黄、蓝　　　　B. 黄、绿、白　　　　C. 红、黄、绿　　　　D. 黄、白、红

3. 降价商品应使用(　　)的价签。

A. 红色　　　　　　　B. 黄色　　　　　　　C. 蓝色　　　　　　　D. 绿色

4. 标价签上的条码是指(　　)。

A. 商店编制的条码　　　　　　　　　　B. 供应商编制的条码

C. 流通中的条码　　　　　　　　　　　D. 商品申请的国际标准条码

5. 编码在价签中的作用是(　　)。

A. 方便归类　　　　　B. 方便堆码　　　　　C. 方便清点　　　　　D. 方便取货

二、判断题(请在正确的表述后面用"T"表示,错误的表述后面用"F"表示)

1. 价签用彩色是为了好看。(　　　)

2. 降价应使用黄色标签。(　　　)

3. 价签上的条码一定是 13 位数的条码。(　　　)

4. 价签上的品名可以写简称。(　　　)

5. 商品原料是国外的,就在价签上标明是进口的。(　　　)

1.2.2　管理价签

任务描述

小张这一小组学习了价签的制作后,吴经理告诉大家做好价签的管理也很重要。在吴经理的带领下,大家来到商店的店面,了解价签管理要做些什么工作。

作业流程图

检查标价签 ⟹ 管理标价签

图 1-2-12　管理价签的作业流程图

知识窗

1. 商品价签管理主要应做好哪几项工作?

(1) 新商品进入门店时必须由采购人员(或负责进货的人员)将商品报告单录入,同时把价签打印出来,然后将打印好的价签交到商品部专门负责人手中,告知这批新货的

进场日期,并让其签收,明确责任。由专人负责妥善保存,并及时张贴。

(2) 每天下午下班前1小时把自己负责区域内的所有价签检查一遍,如有丢失或破损的,由专门负责人统一交到相关部门打印,然后取回补齐,以保证每天营业时价签的完整和准确。

(3) 如果商品价格有变动需要更换新的价签时,相关部门应把做好的变价单连同新的价签交到专门负责人手中,确切告知生效时间并及时更换。

(4) 促销商品的特价价签。应由相关部门把做好的促销单交由美工部制作特价牌,然后把促销单和特价牌一起交到专门负责人手中及时张贴。

(5) 加强防损职能。门店应把价签视为商品完整的一部分而加强管理。如果发现有破坏或偷窃价签的行为,也应和偷窃商品一样严肃处理。

2. 价签的保管有哪些方法?

(1) 设专人专管。

① 定期合理领用、发放价签。

② 要建立领用、发放登记账目。

③ 避免将价签放在潮湿的地方或将其置于阳光下暴晒,以防价签发霉、变形或失色。

(2) 价签的管理领用程序。

① 由商检员从公司报领价签并签字。

② 商检员确认领用数量并发放。

③ 柜组营业员报领数量并签字。

④ 商检员将营业员领用数量登记并记账。

步骤1:检查标价签

吴经理带大家先来到二楼超市,让同学们从以下几个方面来检查标价签:

(1) 检查有无残损、丢失的标价签;商品陈列位置与标价签是否对应。

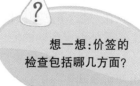

想一想:价签的检查包括哪几方面?

(2) 商品标价签标价是否准确,字迹是否清晰,标识是否醒目,一货一签,货签对位,商品价格变动时是否及时更换。

(3) 销售商品中不同品名或相同品名的商品有下列情况之一者,是不是实行一货一签:

①产地不同;②规格不同;③等级不同;④材质不同;⑤花色不同;⑥包装不同;⑦商标不同。

(4) 标价签的摆放是否依据标价签的大小、颜色及经营场所的实际情况,做到美观整洁。

检查出来的问题,由吴经理交给标价员统一改正。接着,同学们又向吴经理请教标价签的管理要点。

步骤 2：管理标价签

吴经理向同学们介绍了不同价签的不同管理方法。

1. 新标价签的管理。

（1）收货部验收员验收新商品时须在供应商送货清单上注明商品产地，同一品牌商品只注一个产地。

（2）商品验收完毕后，验收员将验收后的送货单交至传单组打印商品验收单及商品标价签。录入员打印商品标价签时，应注意将送货单上所注实物产地与电脑资料进行核对，产地不符时以送货单所注实物产地为打印依据，并在验收单上注明"产地有误"字样，然后填制"商品资料修改申请单"传采购部。

（3）柜组人员在收货部周转区签收新商品时，要认真核对商品标价签、验收单、实物，确认无误后予以签收。

（4）柜组人员在新商品上柜时，要再次核对标价签内容与实物是否一致。如发现标价签所标产地与商品实际产地不符，则填写"打印标价签申请表"到理货区重新打印正确的标价签。如发现其他内容不符时，要填写"商品资料修改申请单"及时向采购部反映。

吴经理带大家来到三楼的促销区给大家讲解促销商品、调价商品的价签管理要求。

2. 促销标价签的管理。

来到促销区，吴经理告诉大家：

（1）柜组接到采购部"促销调价通知单"或"商品调价通知单"后，到收货部打印标价签。注意认真核对单据与标价签，若二者内容不符，以商品实物资料为准，重新打印正确的标价签，并及时向采购部反映。

（2）当日执行售价调低的商品，商品标价签更换要在执行时点后进行；当日执行售价调高的商品，商品标价签更换要在执行时点前进行；次日执行的，商品标价签更换要在营业结束后进行。

（3）更换商品标价签时，要认真核对"促销调价通知单"或"商品调价通知单"，检查商品标价签是否与商品内容相符，所有促销商品、调价商品是否都有标价签，如发现标价签内容有误或大小规格不符合商场陈列要求时，须由柜长携带"促销调价通知单"或"商品调价通知单"及标价签到传单组处打印正确的标价签，同时将错误标价签交传单组销毁。

（4）换下的促销商品或调价商品的原标价签要与"促销调价通知单"或"商品调价通知单"捆扎在一起，单据和标价签一一对应，注明期限，交柜长保存。每天营业前由柜长指定柜组员工查看是否有到期的促销或调价商品，以便及时更换标价签。

（5）调价期限结束后，柜组人员将促销标价签取下，换上原标价签。换下的标价签与"促销调价通知单"或"商品调价通知单"一一对应交柜长，柜长每周交收货部传单组销毁。

（6）日杂、食品、电器（含厨具）、高档文具、化妆品、烟酒、药品、电脑及软件、乐器类商品折让价格变动一律更换标价签；其他类别商品折让价格变动如无特殊说明，交由美工制作宣传海报、POP等价格标识；全场或区域性商品的价格折让，可以不更换标价签，由美工制作宣传海报、POP等价格标识。

"一楼专柜的标价签该如何管理呀？"小张好奇地问吴经理。吴经理和蔼地看着同学们说："专柜商品，比如手机柜、茶叶柜等柜组商品，标价签管理应该注意以下这几个方面。"

3. 专柜标价签的管理。

（1）专柜商品由收货部收入，传单组录入员凭采购部签字的相关送货单据，按该商品基本码,手工输入相关数据,打印标价签后交柜组。

（2）如专柜商品有价格调动,应将"专柜商品调价单"经采购部相关人员签字后传专柜所在区域,区域主管在"专柜商品调价单"上签字后交柜组人员,柜组人员到传单组打印商品标价签。

（3）打印完标价签后,柜组人员应认真核对标价签与实物,无误后将原商品标价签换下交区域管理员。管理员凭新的商品标价签复核是否将原商品标价签收回,无误后由管理员在一周内交传单组销毁。

（4）专柜商品在出现标价签丢失、残损或其他原因须补打价签时,须持经区域主管审核签字的"打印标价签申请表"和采购部签字的相关单据,到理货区打印标价签。

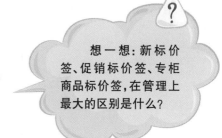

想一想: 新标价签、促销标价签、专柜商品标价签,在管理上最大的区别是什么?

小贴士

（1）商品标价签所示价格不得高于生产厂家外包装所标注的商品价格。宣传海报、POP 等价格标识,必须与商品标价签保持一致。

（2）①断货商品、调价商品暂时无货或由于商品压缩陈列面而取下的商品标价签,由柜组人员分类、集中存放在指定的地方保存。商品再次到货或扩大陈列面需重新使用标价签时,柜组人员一定要认真核对价签内容与实物,无误后方可使用保留的标价签。②换季、清退商品在商品撤柜的同时,将商品标价签取下,集中存放,于一周内由区域管理员交传单组销毁。③有旧标价签的须优先使用,否则将追究当事人的责任。④残损、丢失或其他原因须打印标价签时,柜组人员填写"标价签打印申请表",由主管签名后,交传单组打印后取回。

（3）价签的陈列要求醒目、整齐、美观,做到横成行、竖成线。

（4）衣服价签的要求是上装要将价格签摆放在右上胸第二个扣的平行线上,下装要求将价格签摆放在腰间的平行线上。

任务拓展

对照规格选择价签

1. 小价签:适用内衣裤、化妆品、名表、饰品等较小的商品。
2. 中价签:适用于女装、衬衫、皮鞋等商品。
3. 长价签:适用于西裤、裙子等商品。
4. 大价签:适用于男女冬装、长大衣、风衣、床上用品等商品。

技能训练

活动 1：

请指出下列价签存在的错误。

（a）

（b）

（c）

图 1-2-13　有错误的价签

活动 2：

指出下面两个标价签应放在服装的什么位置？

（a）

（b）

图 1-2-14　服装的价签

知识练习

一、选择题(请将选出的答案填在括号内)

1. 以下情况不需要更换标价签的是(　　　)。

A. 价签残损　　　　B. 价签丢失　　　　C. 价签不对应　　　　D. 价签清楚、正确

2. 标价签要求(　　　)。

A. 一人一证　　　　B. 一货一证　　　　C. 一架一签　　　　D. 一货一签

3. 关于价签的摆放,以下正确的是(　　　)。

A. 自由的摆放　　　　　　　　　　B. 摆放在规定的地方

C. 不要求美观的摆放　　　　　　　D. 颜色一致的价签放在一起

4. 实物产地与电脑数据不符时(　　　)。

A. 以送货单所注实物产地为打印依据　　　B. 以订货单位地址为打印依据

C. 以商标上的标注为打印依据　　　　　　D. 以收货地址为打印依据

5. 当日执行售价调低的,商品标价签更换要在执行(　　　)进行。

A. 时点后　　　　B. 同时　　　　C. 时点前　　　　D. 前后皆可

二、判断题(请在正确的表述后面用"T"表示,错误的表述后面用"F"表示)

1. 门店应把价签视为商品完整的一部分而加强管理。(　　　)

2. 因价签残损、丢失或其他原因须重新打印时,柜组人员填写"标价签打印申请表",由主管签名后,交传单组打印后取回。(　　　)

3. 收货部验收员验收新商品时,须在供应商送货清单上注明商品产地,同一品牌商品只注一个产地。(　　　)

4. 注意认真核对单据与标价签,若二者内容不符,以电脑系统资料为准,重新打印正确的标价签,并及时向采购部反映。(　　　)

5. 当日执行售价调高的,商品标价签更换要在执行时点前进行。(　　　)

模块 1.2　商品标价

⚙ 综合技能实践

制作、管理标价签

一、实训内容

1. 参加一次门店的价签制作与管理作业。

2. 运用本模块所学的内容制作、管理价签。

二、实训目标

通过本次任务的训练,学会制作、管理价签。

三、实训过程

1. 明确任务。

将全班分成若干小组,每组 4～6 人,明确本次实训的任务——"制作、管理标价签"。

2. 制定计划。

通过小组讨论,制定工作步骤,确定相应的工作目标、工作内容、工作方法、人员分工,完成"小组工作计划书"。

小组工作计划书

工作内容	工作目标	工作方法	负责人	完成时间	验收人
取得送货单					
选择价签					
制作价签					
摆放价签					

3. 实施计划。

组织小组参加某门店的价签制作与管理活动并填写"小组活动记录表"。

小组活动记录表

组别：　　　　　　　　　　　　　　　　活动时间：

门店名称		门店地址	
建立时间		目前规模	
活动的证明人		证明人所在单位	
证明人职务		证明人电话	
参加活动过程简述			
本次活动的感悟			
证明人对活动的评价			

4. 交流分享。

请各小组将活动的情况进行分析和总结,形成一份书面的报告,在班上进行交流汇报,并将最后的小组评分记入"小组活动汇报记录"中。

小组活动汇报记录

小组序号	分享内容	发表人	评分

四、实训积分账户卡

教师组织填写"任务完成情况评价要素表",对本次实训过程中学生的完成情况进行一个综合评估。

任务完成情况评价要素表

组别:　　　　　　　　　　　　　　　　学生姓名:

序号	考核点	分值(100 分)	得分	累计积分账户
	小组评价	**共 30 分**		
1	态度与纪律	5		
2	出勤情况	5		
3	参与调研时与人沟通的能力	6		
4	参与讨论的积极性	6		
5	团队合作表现	8		
	本人评价	**共 30 分**		
6	收集信息的能力	10		
7	价签选择与制作的正确性	10		
8	价签摆放的正确性	10		
	教师评价	**共 40 分**		
9	商品标价知识的掌握	20		
10	商品标价技能的掌握	20		
	本次实训分数小计			

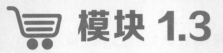

模块 1.3　商品陈列

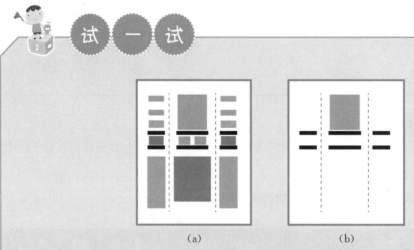

（a）　　　　　　　（b）

图 1-3-1　填色块

　　请参考图 1-3-1（a），在图 1-3-1（b）中填出自己觉得搭配美观的色块，将完成后的作品进行对比，看谁的色彩搭配感最好，讨论一下为什么这样搭配好？

工作情景图

图 1-3-2　商品陈列的工作情景图

学习目标

- 熟知选择陈列道具、商品陈列设计、橱窗布置的方法和相关的基本原则。
- 能正确、规范地进行陈列道具的选择、商品陈列设计、橱窗布置。

情景描述

　　本周关于商品陈列的学习开始了，负责陈列的林经理看着精神饱满的同学们，很热情地说："我们进行商品陈列要学会三项技能，即陈列道具的选择、设计商品陈列方式以及橱窗布置，那我们就从第一项技能学起吧。"

1.3.1　选择道具

💡 **任务描述**

　　不同的陈列方式会影响商品的销售，如何做好商品的陈列，林经理告诉小张及同学们："商品陈列首先要选择好陈列的道具，恰当的道具能表现商品的优点，展现商品的最佳状态。"

　　在林经理介绍完后，同学们便开始了商品陈列工作。

作业流程图

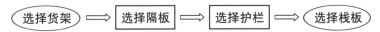

图 1-3-3　选择道具的作业流程图

 知 识 窗

　　1. 什么是店铺陈列？

　　店铺陈列是店铺布局和商品陈列的总称。

　　2. 什么是商品陈列？

　　商品陈列指利用各种展示技巧和方法来摆放商品。

　　3. 商品陈列的常用道具有哪几种？

　　商品陈列的常用道具有货架、隔板、护栏、栈板（卡板）等。

　　4. 门店商品陈列道具的检查要点有哪些？

　　（1）商品是否有灰尘？

　　（2）货架、隔板贴有胶带的地方是否被弄脏？

　　（3）标价签是否贴在规定位置？

　　（4）标价签及价格卡的售价是否一致？

（5）商品最上层高度是否太高？

（6）商品是否容易拿、容易放回原位？

（7）护栏是否间隔适中？

（8）商品分类标识板是否正确？

 任务实施

想一想：货架的规格对门店来说是否很重要？为什么？如果货架的高度过高会导致什么情况发生？

步骤 1：选择道具（1）——货架

林经理告诉大家：商场的货架多以可拆卸组合的钢制货架为主，常用的规格为：高度 135 厘米、152 厘米、160 厘米、180 厘米，宽度 90 厘米、120 厘米。目前门店使用最多的是 180 厘米×120 厘米规格的货架。我们店中就是采用这种货架。

步骤 2：选择道具（2）——隔板

林经理指着货架中的分隔板告诉大家："隔板主要用来隔开两种不相同的商品，目前常用的隔板有塑料隔板和不锈钢隔板两种，有时也会用木制隔板，如打堆头。"

想一想：隔板除了起到防止商品混淆的作用之外，还有哪些作用？

步骤 3：选择道具（3）——护栏

林经理指了指货架边缘的小护栏说："这些小护栏是用于防止顾客在选购某些易碎商品时失手打破商品，造成伤害或损失的，是货架边缘的防护工具，严格来说，护栏并非绝对必需品。"

步骤 4：选择道具（4）——栈板（卡板）

走到商场促销的地方，同学们发现这些促销商品是堆砌在方方的板子上面的，林经理走过来指着这些板子对大家说："这东西叫栈板，是为了避免商品直接与地面接触，从而导致商品受潮而垫在最底层的道具，一般情况下栈板为木制正方形，以便根据场地需要任意组合，打堆头时常用。"

小贴士

（1）隔板是维持陈列面的不可缺的物品，因为它可以防止隔壁排面的商品混入，而使缺货较易被发现。

（2）连锁门店的护栏高度应该适中，不宜过高，否则会遮挡住商品。

（3）栈板（卡板）的大小应该与场地的大小以及货架的大小相一致。

（4）商品放满陈列要做到以下几点：货架每一格至少陈列 3 个品种（畅销商品的陈列可少于 3 个品种），保证品种数量。就单位面积而言，平均每平方米要达到 11 至 12 个品种的陈列量。

（5）最佳陈列位置。实际上目前普遍使用的陈列货架一般高为 165～180 厘米，长为 90～120 厘米，在这种货架上最佳的陈列段位不是上段，而是处于上段和中段之间的段位，这种段位称之为陈列的黄金线。以高度为 165 厘米的货架为例，将商品的陈列段位进行划分：黄金陈列线的高度一般在 85～120 厘米，它是货架的第二、三层，是眼睛最容易看到、手最容易拿到商品的陈列位置，所以是最佳陈列位置。

（6）叠放在栈板上的货品，应将重量及体积大的商品放在下层，体积小和易坏的商品放在上层，且摆放整齐。

 任务拓展

陈列形式

根据商品陈列的道具不同，我们将商品陈列形式划分为以下五种：

1. 货架陈列。（见图 1-3-4）

（a） （b）

图 1-3-4 货架陈列

2. 堆头陈列。（见图 1-3-5）

（a） （b）

图 1-3-5 堆头陈列

3. 柜台陈列。(见图 1-3-6)

图 1-3-6　柜台陈列

4. 橱窗陈列。(见图 1-3-7)

图 1-3-7　橱窗陈列

5. 墙面陈列。(见图 1-3-8)

图 1-3-8　墙面陈列

技能训练

活动 1:

看图 1-3-9,说说一五一拾日用精品店是如何做到让陈列架满,但又干净整洁的呢?

图 1-3-9　一五一拾日用精品店货架陈列

活动 2：

请找出图 1-3-9 中货架的黄金陈列线，并用红色水笔画出范围，说说这个位置用来陈列哪些商品较合适？

 知识练习

一、选择题（请将选出的答案填在括号内）

1. 店铺陈列是店铺布局和（　　）的总称。
A. 订货　　　　　B. 商品陈列　　　　C. 设计　　　　D. 堆放

2. 隔板是维持（　　）的不可缺的物品。
A. 陈列面　　　　B. 堆放　　　　　　C. 退换货　　　D. 理货

3. 门店的（　　）应该适中，不宜过高，否则会遮挡住商品。
A. 隔板　　　　　B. 货架　　　　　　C. 栈板　　　　D. 护栏

4. 栈板（卡板）的大小应该与（　　）相一致。
A. 商场的大小　　　　　　　　　　　B. 场地的大小以及货架的大小
C. 地面的大小　　　　　　　　　　　D. 区域的大小

5. 商品陈列是指利用各种（　　）来摆放商品。
A. 展示技巧和方法　　　　　　　　　B. 方法
C. 技巧　　　　　　　　　　　　　　D. 方式

二、判断题（请在正确的表述后面用"T"表示，错误的表述后面用"F"表示）

1. 连锁门店的护栏高度应高点，不要怕挡住商品，这样会安全。（　　）

2. 陈列货架一般高为 165～180 厘米，长为 90～120 厘米，在这种货架上最佳的陈列段位是上段。（　　）

3. 货架每一格畅销商品的陈列数不能少于 3 个品种，应保证品种数量。（　　）

4. 标价签及价格卡的售价须一致。（　　）

5. 陈列的好坏要看商品是否容易被拿到、容易被放回原位。（　　）

1.3.2 设计陈列

 任务描述

选择好了陈列道具,林经理告诉小张及同学们:"我们接着还要进行商品陈列的设计,找出适合的商品陈列方法,最后进行商品的橱窗布置,从而完成整个商品的陈列流程。"

林经理介绍完后,就与同学们一起开始了设计陈列的工作。

作业流程图

确定卖场布局图 ⟹ 确定货架配置图及商品中分类配置图 ⟹ 商品陈列实施 ⟹ 陈列调整后的缺货管理

图 1-3-10 设计陈列的作业流程图

知识窗

商品陈列的原则是什么?

(1) 区域原则。

根据商品的不同功能、特性及消费者的购买习惯形成区域,区域间应当相互关联,有过渡。

(2) 分类原则。

根据消费者决策树,按功能、规格、品牌、价格、颜色对商品进行分类。

(3) 顺序原则。

纵向陈列,上小下大,从主通道的阳面到阴面,价格从低到高。

(4) 宽度原则。

每一个商品的陈列宽度为 20 厘米或不少于 2 个排面。

 任务实施

林经理向同学们介绍道:"陈列道具选择完成后,我们就要根据商品与陈列道具确认本次商品陈列的方式、方法。"

步骤 1:确定卖场布局图

林经理带领同学们,一边参观一边学习如何确定卖场布局。"各门店会根据门店业态及顾客的消费习惯设定卖场布局动线,一般来讲,主通道可设定动线为"U"字形动线,对超市来说,生鲜货品区一般设置在卖场最里边,进口处一般设置为百货、针织、洗化类等高毛利的商品区。"

林经理还给同学们讲了以下重要的话:主通道是指在主动线上引导顾客走遍卖场的通道,在一个楼层中呈"U"字形设计或"T"字形设计贯穿整个卖场;设计上要求主通道能接触到每一个大类;主通道宽度在 4～5 米(特殊的为 10 米,生鲜区的辅通道要在 2 米,货架之间的通道一般至少不小于 1.6 米,最小的通道一般不能小于 1 米;收银台前的内侧通道宽度不小于 3.5 米。

> 想一想:为什么要根据各门店业态及顾客消费习惯设定卖场布局的动线?

林经理讲完后,让同学们画出商场布局的草图,最后挑选出了画得最合理的一个。

步骤 2:确定货架配置图及商品中分类配置图

在林经理的带领下,同学们根据卖场布局图,配置货架及陈列工具,按商品中分类做出各区陈列工具编码,并定出货架管理责任人。然后,各部门业务主管根据商品中分类做出关联陈列配置图。

> 想一想:为什么要确定商品配置图?

商品配置一般应按照消费者购买每日所需商品的顺序作出规划,即按照消费者的购买习惯和人流走向。

步骤 3:商品陈列实施

接着,同学们按照确定好的商品陈列方案,实施商品陈列。

林经理向同学们介绍说:"商品陈列的基本方法可分为量感陈列和展示陈列,量感陈列一般指商品陈列数量的多寡,但这种观念正在逐渐地发生变化,从只强调商品数量多寡的做法,改变成注重陈列的技巧,而使顾客在视觉上感到商品很多。"林经理又说道:"譬如,所要陈列的商品是 50 件的话,那么通过量感陈列让人觉得不止 50 件商品,所以,量感陈列一方面是指'实际很多',另一方面是指'看起来很多'。""展示陈列是指商店为了强调特别推出的商品的魅力而采取的陈列方法,这种陈列一般适用于百货类和食品类的商品,虽然陈列成本较高,但能吸引顾客的注意和兴趣,营造店铺的气氛。""常用的陈列场所有橱窗、店内陈列台、柜台及手不易够到的地方(如:货架顶端)等。"

> 想一想:为什么要采取量感陈列法?哪些商品可以采取量感陈列法?

步骤 4:陈列调整后的缺货管理

做完了陈列调整后,就要看看有没有缺货。排面确定后各门店不得私自调整排面,须定期上报缺货报告,商品缺货后不能拉排面,缺货位置空出,营运部可制订处罚措施避免大面积缺货。

> 想一想:为什么门店不得私自调整排面?为什么商品缺货后不能拉排面?

小贴士

（1）卖场主通道只能有一条，不能因主、副通道宽度区分不明显而导致顾客分流，从而造成销售流失。

（2）通道设计时所要遵循的原则包括：①足够宽；②笔直；③平坦；④少拐角；⑤通道上的照度比卖场明亮；⑥没有障碍物。

（3）要使每平方米卖场的价值实现最大化，就必须将卖场的磁石点和磁石商品合理分布。所谓磁石，是指门店中最能吸引消费者眼光注意的地方，磁石点就是消费者的注意点。

（4）商品配置一般应按照消费者购买每日所需商品的顺序作出规划，也就是按照消费者的购买习惯和人流走向。

（5）商品在陈列的时候除了要表现得丰满之外还要注意商品的整洁。整洁是指陈列的商品应该干净并摆放整齐，而不是"七零八落"。不干净的商品会让人怀疑是"陈货"，是不畅销的商品。陈列的商品要清洁、干净，没有破损、污物。

（6）门店应该定期检查商品的库存情况，以免发生缺货的现象。

（7）卖场商品陈列管理的基本原则有以下几点：

①"先进先出"原则。

商品陈列要求货品按进货顺序放置，最先进的商品放在最前面，后面按进货时间依次放置，当货架上陈列在前排的商品被顾客拿空后，补货人员应该先将后排的商品推到前排，然后将生产日期新鲜的新品补到后排空处。

②可获利原则。

陈列必须确实有助于增加店面的销售。努力争取将店铺最好的陈列位置用于主推产品的销售。此外，还要注意记录能增加销量的特定的陈列方式和陈列物。

③吸引力原则。

充分将现有商品集中摆放以凸显气势。陈列时应将本品牌产品的风格和利益点充分展示出来。此外，还可配合空间陈列，充分利用广告宣传品吸引顾客的注意。

④商品搭配原则。

商品陈列在于帮助销售，所以陈列时要充分考虑商品之间的搭配。

⑤易见易取原则。

陈列的商品要使顾客容易看见，遵循前低后高的原则。

⑥放满原则。

商品做到放满陈列，可以给顾客一个商品丰富、品种齐全的直观印象。琳琅满目的商品陈列对销售的促进作用无须质疑。

任务拓展

门店商品陈列的常用方法

门店常用的陈列商品方法还可以按另一种方式分类，具体分为以下几种。

1. 集中陈列法。（见图 1-3-11）

图 1-3-11 集中陈列法

2. 端头陈列法。（见图 1-3-12）

图 1-3-12 端头陈列法

3. 岛式陈列法。（见图 1-3-13）

图 1-3-13 岛式陈列法

4. 突出陈列法。（见图 1-3-14）

图 1-3-14 突出陈列法

5. 悬挂式陈列法。（见图 1-3-15）

图 1-3-15　悬挂式陈列法

6. 比较陈列法。（见图 1-3-16）

图 1-3-16　比较陈列法

 技能训练

活动 1：

参观本地的某个卖场，对卖场中的端头陈列法和悬挂式陈列法进行观察，并完成下列表格。

参观地点			时间	
陈列类型	优点	缺点		所适合的商品类型
端头陈列				
悬挂式陈列				

活动2:

全班分成几个小组,每个小组去不同的卖场进行观察,对以上表格中的两种陈列方法进行更细致的观察和比较并做成PPT在班上交流。

 知识练习

一、选择题(请将选出的答案填在括号内)

1. 根据商品的不同功能、特性及消费者的购买习惯形成区域,注意区域间的关联、过渡,这是商品陈列的(　　)原则。

　　A. 区域　　　　　　B. 分类　　　　　　C. 顺序　　　　　　D. 宽度

2. 根据消费者决策树,按功能、规格、品牌、价格带、颜色进行分类,这是商品陈列的(　　)原则。

　　A. 区域　　　　　　B. 分类　　　　　　C. 顺序　　　　　　D. 宽度

3. 一般来讲,主通道可设定动线为(　　)动线。

　　A. "Z"字形　　　　B. "L"字形　　　　C. "U"字形　　　　D. "V"字形

4. 商品陈列的基本方法可分为量感陈列和(　　)陈列。

　　A. 数量　　　　　　B. 质量　　　　　　C. 分类　　　　　　D. 展示

5. 卖场主通道一般有(　　),不能因主、副通道宽度区分不明显而导致顾客分流,从而造成销售流失。

　　A. 一条　　　　　　B. 二条　　　　　　C. 多条　　　　　　D. 三条

二、判断题(请在正确的表述后面用"T"表示,错误的表述后面用"F"表示)

1. 纵向陈列,上小下大,从主通道的阳面到阴面、价格从低到高是商品陈列的顺序原则。(　　)

2. 就单位面积而言,平均每平方米要达到20个品种的陈列量。(　　)

3. 磁石点就是消费者不太会注意的地方。(　　)

4. 一般来说,主通道的宽度不宜超过1米,这样可以节省空间。(　　)

5. 量感陈列一般指商品陈列数量的多寡。(　　)

1.3.3 布置橱窗

任务描述

金先生门店的陈列员在完成了商品陈列的设计工作后,要对橱窗进行布置。现在小张和同学们正要做这项工作,一起来看看他们是如何完成的吧!

作业流程图

了解橱窗布置的流行趋势 ⇨ 橱窗布置计划 ⇨ 商品规划 ⇨ 橱窗设计执行

图 1-3-17　布置橱窗的作业流程图

知 识 窗

1. 橱窗布置的作用有哪些？

（1）橱窗的作用：吸引——招徕——传递——入店消费（潜在宣传）。

（2）橱窗又承担着传播品牌文化的作用。

橱窗设计可以反映一个品牌的个性风格和对文化的理解，因此，设计须强调品牌的文化信息。

2. 橱窗布置的基本原则是什么？

（1）明确。结构要明确清晰，要能准确表达出商品的特色和优势。

（2）整洁。干净整洁，橱窗是无声的广告，从一开始设计就要有清洁感并时刻注意维护保养。

（3）简练。橱窗内装饰的用量应适度，与橱窗大小要成比例，不能无节制地使用装饰。一般来讲，为了突出品质感，越高档的物品装饰越少。

（4）统一。为了带给观众鲜明的印象，同一组物品陈列，无论色彩、材质都要统一。

（5）分组。橱窗中展品的摆放要注意分组，以便逐步地吸引参观者的注意，如果没有分组，就无法引导参观者清晰地、有重点地观看展品，就会让人觉得混乱。

（6）余白。为了突出重点，就要在各个分组之间留有余白，否则各组无法独立。为了体现价值感，高级的展品余白要多。

（7）立体。陈列要有空间感，远、近、高、低要分明。

（8）点缀。注意使用能突出主题的物品来进行点缀，这不但能营造气氛，还利于将远处的顾客吸引过来。

 任务实施

负责商店橱窗布置的小陈是从工艺美院毕业的大学生，在门店几年的商业美术实践，给他积累了丰富的橱窗设计经验，他为同学们讲述了橱窗设计的实施步骤。

步骤 1：了解橱窗布置的流行趋势

在布置橱窗之前先要进行形势背景调查、流行趋势调研、消费者的生活方式调查、消费情况的调查、购物趋势的调研等工作。

小陈给同学们展示了一份关于购物商场橱窗设计调研报告的 PPT 汇报资料，大家从这个资料中了解到了今年橱窗设计的流行元素、流行色彩以及消费者的兴趣走向。

步骤 2：橱窗布置计划

依据调研结果，小陈规划好橱窗的展示地点、展示空间、展示时间以及费用预计。他选择了地理位置朝向十字路口的橱窗作为重点展示橱窗。由于今年的"十一"是门店 10 周年庆，金先生非常重视，为此分配了专项资金。小陈把原来橱窗四周的边框改成了细的黑色哑光钢窗，不仅视觉上显得橱窗面积增大了，同时这种质地的边框也让整个橱窗顿显高贵，他向营销总监申报了 10 万元的橱窗项目布置计划。

步骤 3：商品规划

小陈每次布置橱窗时，需要精心挑选橱窗展示的商品以及用来展示橱窗商品的工具，因为这即是对商品的宣传，更是对商店的宣传。美术设计的专业优势，让小陈做起这些来总有与众不同的眼光，并且能拿出独具风格特色的设计方案。

步骤 4：橱窗设计执行

小陈把设计草图画成示意图，附上橱窗的灯光计划以及橱窗布置的基本方式，由营销部统一安排实施执行，最后进行商品标识的布置。

想一想：橱窗布置之前进行市场调查有什么意义？

想一想：为什么布置橱窗要规划好展示空间以及时间？

想一想：为什么橱窗布置要规划好展示的商品？

小贴士

（1）在进行橱窗布置之前要进行一系列的调查，这些调查应该针对当下的一些流行趋势等。

（2）橱窗展示的商品应进行精心搭配，而且尽量选择热销商品或者最新商品。

（3）每类商品的橱窗展示方式不一样，应合理计划好商品橱窗展示的陈列技巧。

任务拓展

橱窗布置的常用方法

1. 系统陈列法（见图 1-3-18）。将相同质地或同一类别的商品，或者将同类、不同质的商品集中起来组织到一个橱窗里。

图 1-3-18　系统陈列法

图 1-3-19　综合陈列法

2. 综合陈列法（见图 1-3-19）。将不同质、不同类或不同用途的商品，经过合理的分组、处理，布置到一个橱窗里，能够达到"丰富多彩"的效果。在设计和布局上，要避免杂乱无章和眉目不清。

3. 特写陈列法（见图 1-3-20）。运用电影特写镜头的处理方式，将名牌产品、新产品放大，制成模型，使该产品得到突出和强调，从而达到引人注目的效果。

图 1-3-20　特写陈列法

图 1-3-21　场景陈列法

4. 场景陈列法（见图 1-3-21）。将商品按生活中使用的情况，以某种生活情节或场面布置出来，这种陈列能引起顾客的联想，突出商品的特色，并能引起人们的购买欲望。

5. 专题陈列法（见图 1-3-22）。围绕某个专题内容选择和布置商品，这既能突出商品，又可使橱窗具有较强的思想性。

图 1-3-22　专题陈列法

图 1-3-23　季节性陈列法

6. 季节性陈列法(见图 1-3-23)。随着季节的变化,将该季节所需要的商品组织陈列到橱窗中,这样能很好地指导消费者。

7. 节日陈列法(见图 1-3-24)。按照节日的性质、特点和要求,在节日期间组织和陈列商品,这既表达了节日的喜庆氛围,又能起到促进销售的作用。

图 1-3-24　节日陈列法

 技能训练

活动 1:

全班分成若干小组,每个小组自行安排参观一家百货商店,小组成员将店里的橱窗展示拍下来并对其优缺点进行分析、总结,制作成 PPT。

活动 2:

端午节快到了,请你帮一五一拾日用精品店(或你家附近的便利店)设计临街橱窗并绘制一张橱窗布置图。

 知识练习

一、选择题(请将选出的答案填在括号内)

1. 橱窗的作用不包括(　　)。
A. 吸引　　　　　　B. 招徕　　　　　　C. 入店消费　　　　D. 售货

2. 以某品牌为主题的橱窗设计最能起到的品牌作用是(　　)。
A. 传递品牌文化　　B. 招徕　　　　　　C. 入店消费　　　　D. 售货

3. 结构要明确清晰,要准确表达出展品的设计特色和优势,是(　　)原则。
A. 明确　　　　　　B. 统一　　　　　　C. 余白　　　　　　D. 点缀

4. 为了带给观众鲜明印象,同一组物品陈列,无论色彩、材质都要统一,是(　　)原则。
A. 明确　　　　　　B. 统一　　　　　　C. 余白　　　　　　D. 点缀

5. 注意使用能突出主题的物品来进行点缀,这不但能营造气氛,还利于将远处的观众吸引过来是(　　)原则。
A. 明确　　　　　　B. 统一　　　　　　C. 余白　　　　　　D. 点缀

二、判断题(请在正确的表述后面用"T"表示,错误的表述后面用"F"表示)

1. 各种商品都可以进行橱窗布置。(　　)

2. 橱窗是无声的广告,从一开始设计就要有清洁感并时刻注意维护保养。(　　)

3. 陈列要有远、近、高、低,越模糊越有空间感。(　　)

4. 橱窗内装饰为了突出品质感,越高档的物品装饰越少。(　　)

5. 一个橱窗设计可以反映一个品牌的个性风格和对文化的理解。(　　)

模块 1.3　商品陈列

⚙ 综合技能实践

设计商品陈列方式和橱窗

一、实训内容

1. 参观一次门店的商品陈列和橱窗布置作业。
2. 运用本模块所学的内容设计商品陈列方式。

二、实训目标

通过本次任务的训练,学会进一步了解门店商品陈列的有关内容,掌握如何陈列商品。

三、实训过程

1. 明确任务。

将全班分成若干小组,每组 4～6 人,明确本次实训的任务——"设计商品陈列方式"。

2. 制定计划。

通过小组讨论,制定工作步骤,确定相应的工作目标、工作内容、工作方法及人员分工,完成"小组工作计划书"。

小组工作计划书

工作内容	工作目标	工作方法	负责人	完成时间	验收人
认识陈列工具					
会选择陈列工具					
设计陈列的方式					

3. 实施计划。

组织小组参加某门店的商品陈列活动并填写"小组活动记录表"。

小组活动记录表

组别:　　　　　　　　　　　　　　　　　　　　　　　　　活动时间:

门店名称		门店地址	
建立时间		目前规模	
活动的证明人		证明人所在单位	
证明人职务		证明人电话	
参加活动过程简述			
本次活动的感悟			
证明人对活动的评价			

4. 交流分享。

请各小组将活动的情况进行分析和总结,形成一份书面的报告,在班上进行交流汇报,并将最后的小组评分记入"小组活动汇报记录"中。

小组活动汇报记录

小组序号	分享内容	发表人	评分

四、 实训积分账户卡

教师组织填写"任务完成情况评价要素表",对本次实训过程中学生的完成情况进行一个综合评估。

任务完成情况评价要素表

组别:　　　　　　　　　　　　　　　　学生姓名:

序号	考核点	分值(100 分)	得分	累计积分账户
	小组评价	共 30 分		
1	态度与纪律	5		
2	出勤情况	5		
3	参与调研时与人沟通的能力	6		
4	参与讨论的积极性	6		
5	团队合作表现	8		
	本人评价	共 30 分		
6	陈列工具选择的正确性	10		
7	陈列方式的正确性	10		
8	陈列设计的创意性	10		
	教师评价	共 40 分		
9	商品陈列知识的掌握	20		
10	商品陈列技能的掌握	20		
	本次实训分数小计			

模块 1.4 门店理货

试 一 试

你们家会进行一些日常的整理工作吗？都是谁在主要做这些工作？你认为做这些工作有些什么好处？

工作情景图

图 1-4-1　门店理货的工作情景图

学习目标

- 熟知商品调价、补货、调货的流程和相关规则。
- 能正确、规范地实施调价、补货、调货作业。

情景描述

小张这一小组经过前面进货、标价和陈列技能的学习，对于门店运营与管理有了很大程度的了解，金先生也很赞赏大家的学习能力和热情，为了进一步让学生了解门店的运营，金先生又把他们带到负责理货的王师傅的办公室，让他教学生"门店理货"。王师傅很高兴地说："我们理货要学会的技能是商品调价、补货与调货，让我们一起来学习吧。"

1.4.1　调价

任务描述

　　金先生的门店每周六和周日要准备促销一批商品,他们要通过调价作业为门店做好促销的准备,以保证商店经营的正常进行。如果你是金先生门店负责调价工作的职员,你该如何正确开展调价作业呢?

作业流程图

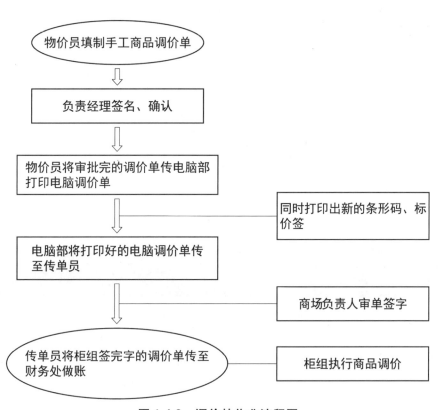

图 1-4-2　调价的作业流程图

知 识 窗

1. 什么是调价作业？

商品价格调整是指当商品的进售价上调或下降时要做的单子。

2. 调价作业有几种？

调价作业有两种：(1)进价调整；(2)售价调整。

3. 调价审批程序是什么？

(1) 进价调低的单据由采购部、物价质检部经理审核后执行，并传财务处做账。进价调高的单据必须上报商场总经理批准方可执行。(特价恢复除外)

(2) 进价不变、售价调低的单据，必须上报商场总经理批准方可执行。

 任务实施

物价员王师傅拿出空白的调价单，告诉小张及同学们："首先，物价员要填制手工商品调价单，然后让采购经理签名、确认，物价员将审批完的调价单传电脑部打印电脑调价单，电脑部将打印好的电脑调价单传至传单员，传单员将柜组签字的调价单传至财务处做账，从而完成整个调价流程。"介绍完后王师傅就和同学们一起开始了调价工作。

想一想：调价为什么要填写调价单？

步骤 1：物价员填制手工商品调价单

王师傅马上开始做的工作就是填制手工商品调价单。

供货商编码：610303201102231　　　　供货商名称：陕西省盛大公司　　　　日期：2015 年 12 月 30 日

商品编码	商品名称	原进价（元）	现进价（元）	原售价（元）	调后价（元）	调整原因
6953998400069	玫瑰花茶	15.00	14.00	18.00	16.80	进价调整
6925116117671	竹牙签	6.00	4.50	7.20	6.80	进价调整
8809029393009	777 修甲套装	45.00	41.00	54.00	48.00	进价调整
6922255451427	百岁山矿泉水	1.50	1.45	2.00	1.65	进价调整
6901209214301	莫斯利安酸奶	2.50	2.40	3.00	2.80	进价调整
......	......	......	......	......	......	......

采购主管：王××　　　　采购经理：张××　　　　信息员：陈×

步骤 2:将审批完的调价单传电脑部打印电脑调价单

王师傅要做的第二项工作是将审批完的调价单传电脑部打印电脑调价单。电脑部在打印电脑调价单的同时打印出新的条形码、标价签并传至传单员,商场负责人审单签字,传单员拿到柜组签字,将签字后的调价单传至财务处做账。

王师傅对同学们说:"我们再做一下售价调整作业,因为它与进价调整流程有些不同。"

步骤 3:售价调整的流程

申请地(分店、物价质检部等)提出售价调整商品明细表,交采购部;由采购部经理审核后传物价质检部;物价质检部按规定审批后,录入电脑并打印调价申请单,物价质检部经理审核签名后交电脑部录入员录入;录入员录入完毕后打印调价通知单交财务部做账,柜组调整价格。

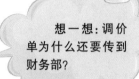

想一想:调价单为什么还要传到财务部?

想一想:为什么由调价申请地提出售价调整商品明细表?

供货商编码:610303201102231		供货商名称:陕西省盛大公司				日期:2016 年 1 月 8 日
商品编码	商品名称	原进价（元）	现进价（元）	原售价（元）	市调价（元）	调整原因
6953998400069	玫瑰花茶	15.00	15.00	18.00	15.80	促销
6925116117671	竹牙签	6.00	6.00	7.20	7.00	促销
8809029393009	777 修甲套装	45.00	45.00	54.00	48.00	促销
6922255451427	百岁山矿泉水	1.50	1.50	2.00	1.90	促销
6901209214301	莫斯利安酸奶	2.50	2.50	3.00	2.80	促销
……	……	……	……	……	……	……
采购主管:王××		采购经理:张××		信息员:陈×		

步骤 4:促销商品的流程

采购部审核厂家促销调价通知单并注明促销时间后传物价质检部;物价质检部接到通知单后,经理审核完毕交物价员录入电脑并打印调价申请单;物价质检部经理审核签名后,交电脑部录入员录入;录入员录入完毕后打印促销商品调价通知单(带起始时间)交财务部做账,柜组调整价格。

想一想:促销商品调价流程与售价调整有何不同?

小贴士

（1）调价单只用于对商品进行成本调整,通过输入商品的调价金额生成调后单价及调后金额,调整商品所在仓库的库存结余;建议调价单最好在月底结账前或月初结账后统一调整。

（2）月底业务结账时,系统会自动检测有金额无数量的库存商品和单价小于零的库存商品,自动生成调价单对此进行调整,出现此类情况的原因多是由于估价入库和负库存业务造成的,建议在日常业务中尽量避免这两种情况。

（3）调价科目供财务生成凭证使用。调价科目只有在财务业务结合使用的情况下才需要填写。

（4）经常对库存情况进行检测,当有不合理现象出现时(如:库存数量为负而库存金额为正),及时用调价单对商品成本单价进行调整。

 任务拓展

进价调整中的单据制作

（1）调价申请单经物价质检部经理审核并签名后,交电脑部录入员录入。

（2）电脑调价通知单一式两联,调价申请单一式三联。电脑调价通知单第一联和调价申请单第一联、厂家调价通知单传财务处做账;电脑调价通知单第二联和调价申请单第二联由物价质检部留存;调价申请单第三联传至存货地或柜组进行调价。

售价调整中的单据制作

（1）物价质检部按规定审批后,录入电脑并打印调价申请单(一式三联)。

（2）物价质检部经理审核签名后,交电脑部录入员录入。

（3）录入员录入完毕后打印调价通知单(一式两联);调价通知单第一联和调价申请单第一联传财务处做账;调价通知单第二联和调价申请单第二联由物价质检部留存;调价申请单第三联传存货地或柜组调价。

促销商品的单据制作

（1）物价质检部接到通知单后,经理审核完毕交物价员录入电脑并打印调价申请单(一式三联)。

（2）录入员录入完毕后打印促销商品调价通知单(一式两联,带起始时间);促销商品调价通知单第一联和调价申请单第一联传财务处做账;促销商品调价通知单第二联和调价申请单第二联由物价质检部留存;调价申请单第三联传存货地或柜组留存。

技能训练

活动1:

一五一拾日用精品店要举行节日促销了,请你写出他们促销的调价流程。

活动2：

说一说，一五一拾日用精品店的降价促销需要哪些调价单据？

知识练习

一、选择题（请将选出的答案填在括号内）

1. 调价单只用于对商品进行（　　），通过输入商品的调价金额生成调后单价及调后金额，调整商品所在仓库的库存结余。

A．成本调整　　　　B．成本核算　　　　C．库存调整　　　　D．价格升降

2. 调价单最好在（　　）统一调整。

A．月底结账后　　　　　　　　　　B．月底结账前或月初结账后

C．月初结账前　　　　　　　　　　D．月底结账后或月初结账前

3. 调价作业的第一步是（　　）。

A．经理签字　　　　　　　　　　B．填制手工商品调价单

C．财务审核　　　　　　　　　　D．审核进货单

4. 调价科目只有在（　　）才需要填写。

A．入库业务时　　　　　　　　　　B．财务业务结合使用的情况下

C．进行财务业务时　　　　　　　　D．清理库存时

5. 应经常对（　　）进行检测，当有不合理现象出现时可及时用调价单对商品成本单价进行调整。

A．调价单　　　　B．不合理现象　　　　C．收货单　　　　D．配货库存情况

二、判断题（请在正确的表述后面用"T"表示，错误的表述后面用"F"表示）

1. 商品的进售价上调或下降时不用做单子。（　　　）

2. 进价调低的单据由采购部、物价质检部经理审核后执行，并传财务处做账。进价调高的单据不用上报商场总经理批准即可执行。（　　　）

3. 进价不变，售价调低的单据，必须上报商场总经理批准方可执行。（　　　）

4. 调价作业有两种，即进价调整和售价调整。（　　　）

5. 调价申请单经物价质检部经理审核并签名后，交电脑部录入员录入。（　　　）

1.4.2 补货与调货

任务描述

　　早上，金先生带着同学们一边巡店一边讲解调货的相关知识。在一个货架前金先生停住了脚步，他指着货架上的商品对同学们说："卖场排面或促销区陈列商品货量不足、缺货或更换

促销商品时,需要得到及时有效的补货商品或替换商品,这样才不会影响商品的正常销售,这就是我们平常所说的补货和调货。"

 **作业流程图**

图 1-4-3　补货和调货的作业流程图

知识窗

1. 什么是补货作业?

补货是指理货员将标好价格的商品,依照商品各自既定的陈列位置,定时或不定时地将商品补充到货架上去的作业。补货可分为定时补货和不定时补货。定时补货是指在非营业高峰时对货架商品进行补充,不定时补货是指只要货架上商品即将售完,就立即补货。

2. 补货应遵循哪些要求?

(1) 卖场柜台实物负责人根据销售的需要,在查询仓库库存后,制"补货申请单"(一式两联)。

(2) 特惠商品、堆头商品由采购员根据销售情况订货。

(3) 新店调拨商品申请单由采购员遵循"先调拨后补货"的原则为新店备货。

(4) 采购员根据电脑信息的补货,订货单应交柜台实物负责人审核,于当班上交采购员。

3. 什么是调货作业?

在各大连锁品牌店中,如果其中一家门店的某款产品卖完了,可以查一下这款产品在其他门店中是否有货。如果有的话,可以帮顾客从另一家门店把那件商品调到本店,这就是调货作业的主要形式。

当然,调货也有配货的意思。在货物积攒地根据货物清单进行目标货物的拣取叫配货。通俗来说也就是补货,即二次进货。

此外,许多网店都不需要囤货,它们可以代发或每天调货。

 任务实施

金先生说:"在营业高峰前和结束营业前容易缺货,店长应要求店员及时发现商品缺货情况,并进行补货。""补货以补满货架、端架或促销区为原则,尽量不堵塞通道,不妨碍顾客自由

购物,补货时要注意保持卖场的清洁。"具体步骤如下:

步骤 1:确认补货

先对系统的库存数据进行确认,确定属于缺货时,将暂时缺货标签放置在货架上。

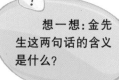

想一想:金先生这两句话的含义是什么?

步骤 2:按重要等级依次补货

依促销品项、主力品项、一般品项的重要等级依次补货上架。

金先生拿着一盒饼干指着上面的保质期对同学们说:"有保质期限的商品必须遵循先进先出的原则。"

步骤 3:补货时检查

按区域依货架的顺序检查商品的质量、外包装以及条形码是否完好,价格标签是否正确。金先生告诉同学们:"我们可以在不改变陈列位置和方法的前提下进行补货。"

想一想:补货时要检查些什么?

步骤 4:补后清理

货架补齐后,要及时清理通道的垃圾和存货,垃圾送到指定地点,存货送回库存区。

步骤 5:第二次补货——调货

店里来了一位顾客急需一批深蓝色男、女式西服,但店里库存不多,为完成此销售,金先生从经销商的另一家门店调来货物。

小贴士

(1) 已变质、受损、破包、受污染、过期、条码错误的商品严禁出售。

(2) 需要补货时,必须先整理排面,维持好陈列货架的清洁。

(3) 补货时要利用工具(如:平板车、五段车、周转箱等)进行补货,以减少体力支出,提高工作效率。

(4) 补货完毕后应速将工具、纸箱等整理干净。

(5) 补货完毕后须检查价格是否与商品对应。

(6) 补货时,商品要轻拿轻放,避免因重摔而影响商品鲜度。

任务拓展

ZARA 的快速补货系统

大多数的商业企业都采用电子系统来管理自己的商品,对商品库存管理起到了很好的作用。全球时尚老大 ZARA 向来以"快"著称:各种时尚潮服被模特走秀之后,再等 14 天就能在 ZARA 的店里买到仿款。如此效率得益于其强大的中央分销系统:全球各地的供应商先将产品寄到西班牙的分销中心,分销中心再将衣服分别发送到其全球的 87 个市场中。据路透社消息,ZARA 已经采用新的物流系统,运转将会更快。

ZARA 的母公司 Inditex 之前在年度股东大会上宣布 ZARA 将采用一种基于无线射频识别的电子标签系统(RFID)，它能够方便地追溯商品从工厂到零售店的全链条动态，使运转效率更高。

　　Inditex 是全球最大，也是最"快"的服装零售商，旗下包括 ZARA、Massimo Dutti、Bershka 等诸多品牌。最新的标签物流系统已经在其全球 700 多个 ZARA 零售店使用。集团董事长兼 CEO Pablo Isla 在股东大会上还表示：每年开 500 家新店，系统也可以应付得过来。

　　ZARA 的 RFID 系统是如何实现及时补货的？ 射频识别技术(RFID)是 20 世纪 80 年代发展起来的一种新兴自动识别技术，用于控制、检测和跟踪物体。系统由一个询问器(或识读器)和很多应答器(或标签)组成。通常，识读器在一个区域发射无线电波形成电磁场，射频标签位于这个区域时检测到识读器的信号后发送存储的数据，识读器接收射频标签发送的信号，解码并校验数据的准确性以达到识别的目的。这表示系统可以方便地呈现哪些衣服需要补货，以提高库存管理效率，还可以提高顾客的服务体验，加强安保。快速补货这一点对公司利润至关重要。比如当明星被拍下穿着 ZARA 的衣服时，该款服装总是迅速被抢光。再比如有时某一尺码在某地可能经常缺货，想买衣服的人还是买不到。快速补货能解决这些问题。

 技能训练

活动 1：

　　观察一家超市的货架，看看哪些货物需要补货，写出补货的程序。

活动 2：

　　如果以下品种需要你调货，请你填写一下这张调货单。
　　男式西服，21 件，单价为 370 元。
　　女式西服，22 件，单价为 350 元。

内 部 调 货 单

收货部门：　　　　　　　　　　　　出货部门：　　　　　　　年　　　月　　　日

收货人确认：

商品名称及规格	单位	数量	单价	金额					
				十	万	千	百	十	元
合计									

知识练习

一、选择题(请将选出的答案填在括号内)

1. 卖场排面或促销区陈列商品货量不足、缺货或更换促销商品时,应得到及时有效的( )。

    A．购买   B．补充货量或替换

    C．调整   D．促销

2. 在营业( )前和结束营业前容易缺货。

    A．高峰   B．开始   C．检查   D．结账

3. 在确定商品属于缺货时,将暂时缺货标签放置在( )。

    A．柜台旁   B．货架上   C．电脑边   D．库房里

4. 补货要依促销品项、主力品项、一般品项的( )依次补货上架。

    A．价值高低   B．利润高低   C．重要等级   D．销量大小

5. 补货时要检查商品的质量、外包装以及条形码是否完好,( )是否正确。

    A．调价单   B．数量   C．颜色   D．价格标签

二、判断题(请在正确的表述后面用"T"表示,错误的表述后面用"F"表示)

1. 已变质、受损、破包、受污染、过期、条码错误的商品严禁出售。( )

2. 需要补货时,应当保持陈列货架的清洁。( )

3. 补货只有一种形式,即定时补货。( )

4. 有保质期的商品必须遵循先进后出的原则。( )

5. 补货完毕后须检查价格是否与商品对应。( )

模块 1.4　门店理货

⚙ **综合技能实践**

商品理货作业

一、实训内容

1. 参加一次门店的商品理货作业。

2. 运用本模块所学的内容填写商品补货单,实施补货作业。

二、实训目标

通过本次任务的训练,学会进一步了解门店理货的有关内容,掌握如何填写补货单。

三、实训过程

1. 明确任务。

将全班分成若干小组,每组 4~6 人,明确本次实训的任务——"商品理货作业"。

2. 制定计划。

通过小组讨论,制定工作步骤,确定相应的工作目标、工作内容、工作方法及人员分工,完成"小组工作计划书"。

小组工作计划书

工作内容	工作目标	工作方法	负责人	完成时间	验收人
接受调价任务					
填写补货单					
实施补货作业					

3. 实施计划。

组织小组参加某门店的补货、调货活动并填写"小组活动记录表"。

小组活动记录表

组别:　　　　　　　　　　　　　　　　　　　　活动时间:

门店名称		门店地址	
建立时间		目前规模	
活动的证明人		证明人所在单位	
证明人职务		证明人电话	
参加活动过程简述			
本次活动的感悟			
证明人对活动的评价			

4. 交流分享。

请各小组将活动的情况进行分析和总结,形成一份书面的报告,在班上进行交流汇报,并将最后的小组评分记入"小组活动汇报记录"中。

小组活动汇报记录

小组序号	分享内容	发表人	评分

四、 实训积分账户卡

教师组织填写"任务完成情况评价要素表",对本次实训过程中学生的完成情况进行一个综合评估。

任务完成情况评价要素表

组别: 学生姓名:

序号	考核点	分值(100 分)	得分	累计积分账户
	小组评价	**共 30 分**		
1	态度与纪律	5		
2	出勤情况	5		
3	参与调研时与人沟通的能力	6		
4	参与讨论的积极性	6		
5	团队合作表现	8		
	本人评价	**共 30 分**		
6	调价单填写正确	10		
7	补货单填写正确	10		
8	补货操作正确	10		
	教师评价	**共 40 分**		
9	门店理货知识的掌握	20		
10	门店理货技能的掌握	20		
	本次实训分数小计			

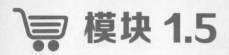
模块 1.5 商品盘点

试 一 试

说一说,你们家每月有几次到超市的较大采购行为? 在每次采购之前家里是不是要列出一张采购清单? 这样做有什么好处呢?

工作情景图

蛋黄派

图 1-5-1　商品盘点的工作情景图

学习目标

● 熟知盘点作业的流程和相关规则。
● 能正确、规范地实施盘点作业。

情景描述

门店理货的实践活动结束后,金先生把小张他们带到负责盘点的张师傅的办公室,让他教学生"商品盘点"。张师傅对大家说:"盘点首先要对盘点工具有个认知,然后对盘点作业的流程要熟悉,我将带大家逐一学起。"

1.5.1　选择盘点工具

任务描述

　　金先生的门店每季度要进行一次全面的盘点。由货主派人会同仓库保管员、商品会计一起进行盘点对账,得知店铺的盈亏状况以保证商店经营的正常进行。如果你是金先生门店的一位负责盘点工作的职员,你该如何正确地进行盘点作业呢?

作业流程图

　　认识盘点的工具 ⟹ 了解盘点方法的类型 ⟹ 盘点前的准备

图 1-5-2　选择盘点工具的作业流程图

知识窗

　　1. 什么是盘点?它有哪几种方式?

　　所谓盘点,是指定期或临时对库存商品的实际数量进行清查、清点的作业,即为了掌握货物的流动情况(入库、在库、出库的流动状况),对仓库现有物品的实际数量与保管账上记录的数量相核对,以便准确地掌握库存数量。

　　盘点方式分为两种:

　　(1) 手工盘点:主要靠人员手工记录盘点内容、商品数据,然后同电脑记账进行核对。

　　(2) 盘点机盘点:利用数据采集器设备,把需要盘点的商品信息导入采集器中,然后利用盘点机扫描商品条码,显示相应的信息,盘点人员根据实际数量录入采集器中,最后导入系统管理软件比对,生成盘盈盘亏单。

　　2. 盘点作业的内容有哪些?

　　(1) 数量盘点。

　　(2) 重量盘点。

　　(3) 货与账核对。

　　(4) 账与账核对。

　　3. 盘点的对象分为哪两大部分?

　　(1) 排面:指端架、堆头、展示柜、悬挂物以及货架正常端。

　　(2) 非排面:指仓库、各区、柜台暂存区,柜台的未打单退货区,以及排面上层堆放的整件商品。

这周正赶上金先生的超市要进行商品盘点,负责品类管理的张师傅告诉小张及同学们:"盘点首先要认识盘点工具,这样才能很好地实施盘点作业。"

步骤 1:认识盘点的工具

张师傅告诉大家:"根据是否使用盘点工具,盘点分为手工盘点和盘点机盘点。"说着张师傅拿出两种机器让同学们认识盘点机,它们是扫描枪和计数器。

想一想:盘点人员为什么要分清盘点的不同方式?

图 1-5-3　盘点工具

步骤 2:了解盘点方法的类型

张师傅告诉大家:"盘点前,需要了解盘点方法有哪些。"

就像账面库存与现货库存一样,盘点也分为账面盘点及现货盘点。

所谓"账面盘点"又称为"永续盘点",就是把每天入库及出库货品的数量及单价,记录在电脑或账簿上,而后不断地累计加总算出账面上的库存量及库存金额。这种方法不必实地盘点即能随时从电脑或账册上查悉货品的存量,通常量少而单价高的货品较适合采用此方法。

想一想:账面盘点及现货盘点有什么不同的地方?

而"现货盘点"亦称为"实地盘点"或"实盘",也就是实际去点数仓库内的库存数,再依货品单价计算出实际库存金额的方法。因而如要得到最正确的库存情况并确保盘点无误,最直接的方法就是确保账面盘点与现货盘点的结果要完全一致。一旦存在差异,即产生"料账不符"的现象,则须寻找错误原因(究竟是账面盘点记错还是现货盘点点错),这样才能得出正确结果并确定责任归属。

现货盘点依其盘点时间频度的不同又分为"期末盘点"及"循环盘点"。期末盘点是指在期末一起清点所有货品数量的方法,而循环盘点则是在每天、每周即做某种少量的盘点,到了月末或期末则每项货品至少完成一次盘点的方法。

① 期末盘点法。由于期末盘点是将所有品项货品一次盘完,因而必须大量员工出动,采取分组的方式进行盘点。一般来说,每组盘点人员至少要二人,以便能互相核对,减少错误,同时也能彼此牵制,避免弊端。

② 循环盘点法。循环盘点是将每天或每周当作一周期来盘点,其目的除了减少过多的损失外,对于不同货品进行不同管理也是主要原因。价格愈高或愈重要的货品,盘点次数愈多,价格愈低愈不重要的货品,就尽量减少盘点次数。循环盘点因为一次只进行少量盘点,因而只

须专门人员负责即可,不须动用全体人员。

循环盘点法最常用的单据为"现品卡",其使用方式为:每次出入库一面查看出入库传票,一面把出入库年月、出入库数量、传票编号、库存量登记在现品卡上。

步骤 3:盘点前的准备

(1)各区在盘点前应编排盘点排面号,比如说,在每个排面的第一排标上 A-1,第二排标上 A-2,编排顺序应是从上到下,依次编排。

(2)店长负责制作盘点区域布置图,具体包括:划分人员的盘点位置;抽盘、复盘人员名单。根据盘点布置图,店长具体调配人员。收银部门合理安排输单人员,管理部门合理安排班次及盘点人员,人员确定后,再填入布置图,并张贴出来,让各员工了解自己的位置。

(3)各部门对排面商品要进行集中、归位处理,同一单品多处陈列的要集中在一个排面陈列,类似商品不同大类,编码不合理的要尽量剔开,陈列在不易混淆的地方。仓库、暂存区在平时到货时就应按大类推放排列,盘点时,再次整理归类,并进行一次性盘点。

(4)商品归位、集中清理后,各排面理货员对所负责的排面要进行大标签、实物、编码的核对,以达到三项相符,对于错码或串码的商品要通知店长,并进行登记,以便在盘点时按正确编码登数。

想一想:盘点前为什么要整理商品?

(5)商品整理。在实际盘点开始前两天对商品进行整理,会使盘点工作更有序、有效。如有必要,可能在正式盘点前两个小时还要对商品进行最后的整理。

> **小贴士**
>
> (1)盘点的工作时间安排。
>
> ① 在盘点日前两天,要求店面不收货、不退货,清理好所有单据交到店面核算员处,以保证盘点所有数据的准确性。
>
> ② 非排面的盘点工作在盘点日的当天白天完成,盘点结束后,盘点地点应贴条示意,不再安排上货。
>
> ③ 排面盘点应在当日营业结束后进行。
>
> (2)对商品进行整理要抓住以下重点:
>
> ① 中央陈列架端头的商品整理。
>
> 中央陈列架前面(靠出口处)端头往往陈列的是一些促销商品,商品整理时要注意该处的商品是否是组合式的,要分清每一种商品的类别和品名,不能混同于一种商品。中央陈列架尾部(靠卖场里面)的端头往往是以整齐陈列的方式陈列一种商品,整理时要注意其间陈列的商品中是否每一箱都是满的,要把空的箱子拿掉,不足的箱子里要放满商品,以免把空箱子和没放满商品的箱子都按实计算,出现盘点时的差错。
>
> ② 中央陈列架的商品整理。
>
> 中央陈列架上的商品定位陈列的多,每一种商品陈列的个数也是规定的,但要特别注意每一种商品中是否混杂了其他的商品,以及后面的商品是否被前面的商品遮挡住了,从

而使其没有被计数。

③ 附壁陈列架商品的整理。

附壁陈列架一般都处在主通道上的位置，所以商品销售量大，商品整理的重点是计数必须按照商品陈列的规则进行。

④ 随机陈列的商品整理。

对随机陈列的商品要点清放在下面的商品个数，并做好记号和记录，那么在盘点时只要清点上面的商品就可快速盘点出商品的总数。

⑤ 窄缝和突出陈列的商品整理。

对这两种陈列的商品要有专人进行清点，最好由陈列这些商品的人来进行清点。

⑥ 库存商品的整理。

库存商品的整理要特别注意两点：一是要注意容易被大箱子挡住的小箱子，所以要在整理时把小箱子放到大箱子的前面；二是要注意避免把一些内装商品数量不足的箱子当作整箱计算，所以要在箱子上写上内在商品确切的数量。不注意前一点就会造成计算上的实际库存遗漏，而不注意后一点则会造成计算上的库存偏多，从而使盘点失去准确性。

⑦ 盘点前商品的最后整理。

一般在盘点前两个小时对商品进行最后的整理，这时特别要注意，陈列货架上的商品顺序绝对不能改变，即盘点清单上的商品顺序与货架上商品的顺序是一致的。如果顺序不一致，盘点记录就会对不上号。

任务拓展

盘点的工具

常用的盘点工具有计数器、扫描枪等，如图 1-5-4 所示。

（a）计数器和扫描枪

（b）盘点工作现场

图 1-5-4　常用的盘点工具

技能训练

活动一:

一五一拾日用精品店的盘点工作需要挑选一些盘点工具,请给出你的建议。

活动二:

一五一拾日用精品店的月盘工作就要开始了,请列出盘点工作的准备清单。

知识练习

一、选择题(请将选出的答案填在括号内)

1. (　　)也就是实际去点数仓库内的库存数。

A. 账面盘点　　　　B. 现货盘点　　　　C. 点数盘点　　　　D. 电脑盘点

2. (　　)是指在每天、每周即做少种少量的盘点,到了月末或期末则每项货品至少完成一次的盘点。

A. 账面盘点　　　　B. 期末盘点　　　　C. 电脑盘点　　　　D. 循环盘点

3. 盘点作业的内容不包含(　　)。

A. 数量盘点　　　　B. 重量盘点　　　　C. 数据与账核对　　D. 账与账核对

4. 循环盘点法最常用的单据为(　　)。

A. 记账卡　　　　　B. 现品卡　　　　　C. 验收单　　　　　D. 收货单

5. 非排面的盘点工作在盘点日的(　　)完成,盘点结束后,盘点地点应贴条示意,不再安排上货。

A. 前一天白天　　　B. 前一天晚上　　　C. 当天白天　　　　D. 当天晚上

二、判断题(请在正确的表述后面用"T"表示,错误的表述后面用"F"表示)

1. 盘点分为手工盘点和盘点机盘点。(　　)

2. 排面盘点是指对端架、堆头、展示柜、悬挂物的盘点。(　　)

3. 盘点区域布置图包括划分人员盘点位置、复盘人员名单。(　　)

4. 在实际盘点时,不须整理商品。(　　)

5. 在盘点日前两天,要求店面不收货、不退货,清理好所有单据交到店面核算员处,以保证盘点所有数据的准确性。(　　)

1.5.2　盘点

任务描述

在进行了盘点的准备工作后,张师傅要带同学们参加一次超市全面盘点活动。

作业流程图

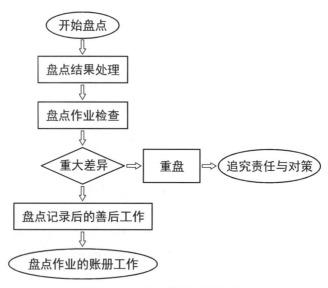

图 1-5-5　盘点的作业流程图

 知识窗

1. 盘点的原则是什么?

(1) 真实:要求盘点所有的点数、资料必须是真实的,不允许作弊或弄虚作假,掩盖漏洞和失误。

(2) 准确:盘点的过程要求是准确无误的,无论是资料的输入、陈列的核查、盘点的点数,都必须准确。

(3) 完整:所有盘点过程的流程,包括区域的规划、盘点的原始资料、盘点点数等,都必须完整,不要遗漏区域、遗漏商品。

(4) 清楚:盘点过程属于流水作业,不同的人员负责不同的工作,所以所有资料必须清楚,内容的书写必须清楚,货物的整理必须清楚,这样才能使盘点顺利进行。

（5）团队精神：盘点是全店人员都参加的营运过程。为减少停业的损失，加快盘点的时间，超市各个部门必须有良好的配合协调意识，以大局为重，使整个盘点按计划进行。

2. 门店操作盘点时的三个原则是什么？

（1）售价盘点原则，即以商品的零售价作为盘点的基础，库存商品以零售价金额控制，通过盘点确定一定时期内的商品溢损和零售差错。

（2）即时盘点原则，即在营业中随时进行盘点，"停止营业"以及"月末盘点"并不一定才是正确的盘点，超市（尤其是便利商店）可以在营业中盘点，且任何时候都可以进行。

（3）自动盘点原则，即利用现代化技术手段来辅助盘点作业，如利用掌上型终端机可一次完成订货与盘点作业，也可利用收银机和扫描器来完成盘点作业。

 任务实施

张师傅告诉大家："超市盘点周期一般为 70—90 天，新店开业后一个月为宜，人事变动时可随时盘点。"

步骤 1：开始盘点

在当天营业结束后，张师傅先召集所有参加盘点的人员，介绍这次盘点的准备情况，明确盘点责任，宣布盘点纪律。

盘点时两人一组，一人盘商品，一人记录，必须按盘点表抄写顺序见货盘货，不得跳、串。若实际盘点时涂改过多，该张盘点表不可私自撕毁，必须及时上报财务主管，由主管安排处理。

在进行实物盘点时，如发现过期的、破损的、滞销的等不适合在架销售的商品应在清点数量后及时下架待处理。

> ？ 想一想：盘点时为什么至少要二人一组？

步骤 2：盘点结果处理

盘点结束后，所有核查的盘点表上交财务部，财务部主管认真核对盘点表数据，确保盘点结果的准确。此外，还应在结束后三天内将盘点数据输入电脑并完成盘点表与电脑数据核对的工作。

> ？ 想一想：盘点结果与电脑数据最终是否要达到一致？

步骤 3：盘点作业检查

对各小组和各责任人员的盘点结果，门店店长等负责人要认真加以检查，检查的重点是：（1）每一类商品是否都已记录到盘点单上，并已盘点出数量和金额；（2）对单价高或数量多的商品，需要将数量再复查一次，做到确实无差错；（3）复查劣质商品和破损商品的处理情况。

> ？ 想一想：为什么要复查劣质商品和破损商品的处理情况？

想一想:盘点善后工作可以缺少吗?

想一想:盘点作业的最后结果为什么是财务部门拿出的?

步骤 4:盘点记录后的善后工作

在确认盘点记录无异常情况后,就要进行第二天正常营业的准备和清扫工作。这项善后工作的内容包括补充商品,将陈列的样子恢复到原来的状态,清扫通道上的纸屑、垃圾等。善后工作的目的是要达到整个门店第二天能正常营业的效果。至此盘点作业的物理工作就结束了。

步骤 5:盘点作业的账册工作

物理的盘点作业结束后,就要进行盘点作业的账册工作。盘点账册的工作就是将盘点单的原价栏上记录的各商品原价和数量相乘,合计出商品的盘点金额。这项工作进行时,要重新复查一下数量栏,审核一下有无单位上的计量差错,对出现的一些不正常数字要进行确认,订正一些从字面上看就明显是差错的地方。将每一张盘点单上的金额相加,就结出了合计的金额。门店要将盘点结果送总部财务部,财务部将所有盘点数据复审之后就可以得出该门店的营业成绩,结算出毛利和净利,这就是盘点作业的最后结果。

一般情况下,对超市门店来说,盘损率应在销售总金额 4‰～6‰,如超过 8‰就说明盘点作业结果存在异常情况,要么是盘点不实,要么是企业经营管理状况不佳,采取的对策是:重新盘点或改善经营管理。

商品盘点处理表

配货仓库	厂商或经销商	商品名称	单位	数量	零售价	金额	处理原因	处理意见

负责人:

盘点结束后,财务部门要编制商品盘点处理表,向超市的干部、员工指出本次盘点中存在的问题,表扬盘点工作中成绩优秀的员工,和大家一道分析盘亏原因,群策群力,找出门店在日常营运管理中存在的问题和防损措施,力争把门店的营运管理工作做得更好。

小贴士

(1) 盘点开始以后,所有盘点人员应面对货架,按从左到右,从上到下的顺序开始盘点,见货盘货,不允许使用商品作为盘点工具,不允许坐(站)在商品上,不允许移动任何商品的位置,以便复盘。

盘点中应注意,按实物销售的最小单位进行盘点,赠品不盘,特价商品按原价盘点,破损、失窃商品按原来的实物进行盘点,并单独列在盘点表上。

　　(2)盘点表的填写要求。

　　① 盘点表一式两联,要求上下对齐,字迹工整清晰,如要涂改则划去,另起一行书写。

　　② 排面号要写在编码的前面,排面号按从小到大的顺序填写,不允许空号、漏号或排面号从大到小填写。

　　③ 盘点表有八大要素,分别是排面号、编码、商品名称、商品规格、商品单位、商品单价、商品数量和签名。

　　④ 商品要按区域填写,即食品、非食品不能写在同一张盘点表上。

　　⑤ 生鲜区所有商品一律按进价盘点,如不明进价,则在备注栏写明售价,可以使用标签如下:

（a）　　　　　　　　　　　　　　　　（b）

图 1-5-6　区域标签

 任务拓展

超市电子盘点流程

1. 确定盘点方案。

　　超市盘点可以分为两种类型:局部盘点和全场盘点。对于中小型超市一般采用全场盘点的方法,而大型超市则多采用局部盘点的方法,以降低盘点成本。此外,盘点时间也多采用不停业盘点,即正常营业结束后到第二天正式营业前的这段时间为盘点时间。

2. 盘点作业组织落实。

　　盘点作业人员由各门店负责落实。在各门店进行盘点时,总部人员分头下去指导和监督盘点。一般来说,盘点作业是超市门店人员投入最多的作业,所以要求全员参加盘点。

3. 盘点前准备。

　　① 告知顾客和厂商。如占用营业时间,要提前贴出安民告示,以免顾客在盘点时前来购物而徒劳往返(最好在盘点日前 3 日贴出);还要告知厂商,以免厂商直送的商品在盘点时送货,造成不便。

　　② 货架商品陈列整理。在实际盘点开始前 2 天对货架和仓库中的商品分别进行整理,这能使盘点工作更有序、更有效。对商品进行整理要抓住几个重点:促销组合商品的整理、定位

陈列商品的整齐陈列、清理不同商品以免相互混杂。此外,如果采用"盘点清册"的方法进行盘点,还必须提前 3 天根据整理后的陈列位置抄写盘点清册。

③ 系统单据整理。需要检查是否存在漏输入的进货单据、批发销售单据、移仓单据、报损单据、赠品汇总等。最后,根据需要抄写盘点清册。

4. 盘点作业。

① 实盘＋复盘。采用"1＋1"的方式,即一个人清点实盘数据,将实盘数据写在盘点清册上,或者是商品排卡的背面,一个人在后面核对复查,减少清点错误,然后专人将实盘数输入电脑。

② 输入实盘数据的 3 种方法:在货架旁用手持终端直接扫描条码输入实盘数;将实盘数写在商品排卡的背面或者盘点清册上面,再到收银终端处输入;将实盘数抄写在盘点清册上通过 MIS 操作电脑输入。

5. 盘点盈亏的考核。

通过电脑系统采集实盘数据,和电脑账面数据进行比对分析,寻找、判别盈亏较大的商品进行重盘复查。一般情况下,对超市来说,盘损率应在 8‰ 以下,如超过这个盘损率就说明盘点作业结果存在异常情况。

6. 盘点作业登账工作。

物理的盘点作业结束,盘盈亏情况被确认后,就要进行盘点作业的登账工作。盘点登账工作就是根据盘点的实际清点结果和账面数据进行比较,产生报损,最后用实盘结果更新账面库存。盘点盈亏报表处理完毕后,就要进行第二天正常营业的准备和清扫工作。这项善后工作的内容包括补充商品、将陈列的样子恢复到原来的状态、清扫通道上的垃圾等。善后工作的目的是要使整个门店第二天能正常营业。至此,超市电子盘点作业结束。

 技能训练

活动1:

请为一五一拾日用精品店写一份月度盘点工作计划书。

活动2:

说一说,在一五一拾日用精品店盘点完成后,还需要做些什么工作?

 知识练习

一、选择题(请将选出的答案填在括号内)

1. (　　)将所有盘点数据复审之后就可以得出该门店的营业成绩,结算出毛利和净利,这就是盘点作业的最后结果。

　　A. 盘点小组　　　B. 经理　　　　　C. 财务部　　　　D. 店长

2. 在进行实物盘点时,如发现过期的、破损的、滞销的等不适合在架销售的商品应在清点数量后及时(　　)。

　　A. 销毁　　　　　B. 上报　　　　　C. 替换　　　　　D. 下架待处理

3. 物理的盘点作业结束后,要进行盘点作业的(　　　)工作。

A. 账册　　　　　　B. 整理　　　　　　C. 核对　　　　　　D. 审核

4. 盘点开始以后,所有盘点人员应面对货架,按(　　　)的顺序开始盘点。

A. 从下到上　　　　　　　　　　　B. 从右到左

C. 从左到右,从上到下　　　　　　　D. 从右到左,从下到上

5. 盘点过程属于流水作业,不同的人员负责不同的工作,所以所有资料必须(　　　),才能使盘点顺利进行。

A. 清楚　　　　　　B. 集中　　　　　　C. 全面　　　　　　D. 真实

二、判断题(请在正确的表述后面用"T"表示,错误的表述后面用"F"表示)

1. 盘点所有的点数、资料必须是真实的,不允许作弊或弄虚作假,但可以掩盖漏洞和失误。(　　　)

2. 盘点过程的要求是准确无误,无论是资料的输入、陈列的核查、盘点的点数,都必须准确。(　　　)

3. 所有盘点过程的流程,包括区域的规划、盘点的原始资料、盘点点数等都必须完整,但可以遗漏区域、遗漏商品。(　　　)

4. 售价盘点原则是以商品的零售价作为盘点的基础,库存商品不以零售价金额控制,通过盘点确定一定时期内的商品溢损和零售差错。(　　　)

5. 自动盘点原则是指可以利用现代化技术手段来辅助盘点作业,如利用掌上型终端机可一次完成订货与盘点作业,也可利用收银机和扫描器来完成盘点作业。(　　　)

模块 1.5　商品盘点

设计商品盘点表

一、实训内容

1. 参与一次门店的商品定期全面盘点作业。
2. 运用本模块所学的内容填写门店的商品盘点表。

二、实训目标

通过本次任务的训练,学会进一步了解门店商品盘点的内容,掌握如何盘点商品。

三、实训过程

1. 明确任务。

将全班分成若干小组,每组 4～6 人,明确本次实训的任务——"设计商品盘点表。"

2. 制定计划。

通过小组讨论,制定工作步骤,确定相应的工作目标、工作内容、工作方法及人员分工,完成"小组工作计划书"。

小组工作计划书

工作内容	工作目标	工作方法	负责人	完成时间	验收人
作好盘点准备					
设计商品盘点表					
使用商品盘点表					

3. 实施计划。

组织小组参加某门店商品盘点活动并填写"小组活动记录表"。

小组活动记录表

组别:　　　　　　　　　　　　　　　　　　　　活动时间:

门店名称		门店地址	
建立时间		目前规模	
活动的证明人		证明人所在单位	
证明人职务		证明人电话	
参加活动过程简述			
本次活动的感悟			
证明人对活动的评价			

4. 交流分享。

请各小组将活动的情况进行分析和总结,形成一份书面的报告,在班上进行交流汇报,并将最后的小组评分记入"小组活动汇报记录"中。

小组活动汇报记录

小组序号	分享内容	发表人	评分

四、 实训积分账户卡

教师组织填写"任务完成情况评价要素表",对本次实训过程中学生的完成情况进行一个综合评估。

任务完成情况评价要素表

组别：　　　　　　　　　　　　　　　　　　　学生姓名：

序号	考核点	分值(100分)	得分	累计积分账户
	小组评价	共30分		
1	态度与纪律	5		
2	出勤情况	5		
3	参与调研时与人沟通的能力	6		
4	参与讨论的积极性	6		
5	团队合作表现	8		
	本人评价	共30分		
6	盘点准备工作的完整性	10		
7	盘点表格设计的正确性	10		
8	盘点过程及盘点表格填写的正确性	10		
	教师评价	共40分		
9	商品盘点知识的掌握	20		
10	商品盘点技能的掌握	20		
	本次实训分数小计			

　　金先生的综合超市现场管理得井井有条,精品店设计精美、布局合理,超市商品分门别类,促销堆头摆放整齐。每当同学们走进超市就会感到耳目一新。对现在的店内状况金先生感到比较满意,可说起三年前刚扩大店面的哪会儿,金先生今天想起来还有些头痛,新扩的店面虽然不小,但是当时由于现场管理混乱,产品随处堆放,顾客们的购物感受很不好,连老客户都抱怨不好找商品,客流量骤然下降。

　　金先生聘请了现场管理专家,经过几个月的调整,店中的面貌发生了根本性的改变,眼看着一天天不断增加的客流,金先生对前来学习的同学们说:"商店的现场就好像人的外表,干净整洁的、漂亮的外表人人都会喜欢,好的现场管理是吸引顾客的重要砝码哟,但是大家不要以为现场管理很简单,它可是包括了四个重要的项目呢:现场督导、销售管理、促销管理、收银管理,人、财、物全都包括,这可是店面管理的基本功,中间的学问不少呢。"

　　同学们听了金先生对现场管理的讲解,对现场管理非常感兴趣。

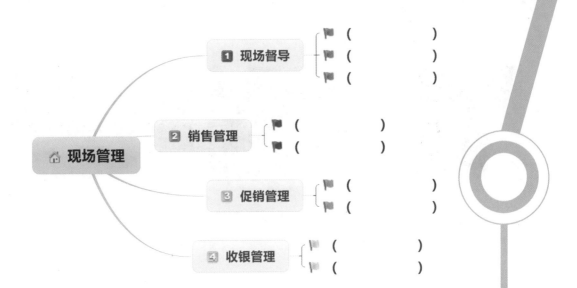

请在学完本项目后，完成以上思维导图中的填空。

试一试

找出以下三张图中,你最喜欢的一张并说说原因。

(a)　　　　　　　　　(b)　　　　　　　　　(c)

图 2-1-1　超市现场

模块介绍

工作情景图

图 2-1-2　现场督导的工作情景图

- 能正确实施巡店,正确指导环境布置,督查营业人员服务是否到位。
- 能列举店铺巡视的主要内容;能列举环境布置的相关要求;能列举现场服务的相关规范要求。

情景描述

　　这周要开始学习店面管理了,同学们异常兴奋,因为这个专业不少同学将来的理想就是做一名店长。店面管理将是一名店长的基本功,星期一大家 7:30 就来到了店里,虽然早会 8:30 才开始,同学们希望在早会开始以前,多向金先生请教些现场督导方面的知识。

2.1.1　巡店

任务描述

　　金先生店的副店长每天有一项例行的工作项目就是巡店督导,这项工作看似简单,可正是店长基本功力的体现,是门店管理的一项基本功。周先生是金先生门店的副店长,他将带同学们一起开始一天的巡店督导工作。

作业流程图

营业前的巡店督导 ⟹ 营业中的巡查督导 ⟹ 营业结束后的巡视督导

图 2-1-3　巡店的作业流程图

知识窗

店长检查的基本内容有哪些?
(1) 店员的仪容仪表、工作状态,如发现问题应及时纠正。

（2）卫生检查包括店前及店内的卫生。

（3）柜台内、外货品的陈列及标价是否正确。

（4）橱窗及展示柜上货品的摆放是否正确。

（5）各种灯具是否按规定开启，是否安全、正常。

（6）空调温度的调整，以及门口宣传物品的放置。

 任务实施

步骤 1：营业前的巡店督导

以下是周先生在营业前进行的巡店督导工作。

（1）到店检查门店前的广场和店面外观形象。

（2）查询门店昨天相关销售数据和库存数据。

（3）检查门店现场各个区域的陈列、地面卫生、标识、仓库是否达到店面规定的要求。

（4）对当日的重点工作进行安排，查看、管理考勤，准备召开晨会。

想一想：营业前的巡店督导的重点内容是什么？

（5）听取门店主管召开晨会的具体内容并对重点进行强调。

（6）详细查看门店开业后各个区域的工作是否按晨会上的要求执行，及时指导改进，并根据早上的巡店情况安排部门开展本日的其他工作。

（7）详细分析昨天的销售数据情况，结合同比和环比数据深入地分析门店运营上存在的不足和改进的办法，并进行书面记录，做好工作计划。

步骤 2：营业中的巡查督导

完成了营业前的巡店督导，周先生便开始进行营业中的重点巡查督导工作。

（1）对早上安排给部门的工作进行进度检查并记录，对存在的不足及时调整；对门店的现场加工等重要部门重点检查，确保准时、保质地完成商品陈列；对重点区域的促销人员进行检查，查看其服务状况。

（2）根据上午的巡店情况和昨天的数据分析，准备午会内容。

想一想：营业中的巡店督导为什么要检查商品缺货、陈列、卫生、仓库、纪律、加工间、验收处及相关表格记录？

（3）召开门店午会，听取部门工作进度汇报，点评上午工作，安排其他工作。

（4）卖场巡店：查看商品缺货、陈列、卫生、仓库、纪律、加工间、验收处及相关表格记录等；对部门本日工作进展情况进行检查，确保本日工作顺利完成。

（5）根据本日工作计划进展情况和门店的实际情况，做好第二天的工作规划；查看门店当日的销售数据等，准备下午的会议内容。

步骤 3：营业结束后的巡视督导

一天的营业结束了，而周先生的工作并没有结束，他接下来要做的工作是以下两点：

（1）召开下午会议，听取本日工作部门负责人的工作总结，对门店今日工作进行汇总并点评；安排明日工作内容和晨会重点。

（2）卖场巡视一圈，确认各项工作进展正常。

一天的巡查督导工作结束了，周先生繁忙的工作节奏和对工作一丝不苟的态度，让同学们敬佩不已，大家从心里感叹，做好店长的巡查督导工作可真是不容易呀！

小贴士

店长巡店的五看、八问和四查

1. 五看。

一看陈列。看排面的大小、陈列是否规范整齐、POP 展示是否到位。

二看导购。看导购人员的仪容、专业水平和态度。

三看促销。主要观察促销活动的过程，比如堆头摆放是否合理、单品贡献等。

四看货品。看货品线是否齐全，价格是否有乱价行为。

五看机会。看卖场是否有通过促销增加销量的机会，跟卖场主管积极沟通，从而寻求有效位或地堆。

2. 八问。

一问销量。向导购、卖场管理人员问销量，向消费者或竞品导购员问销量。

二问货品。了解新品上市反映情况、卖场有无其他新品活动、有无残损商品或存在质量问题的商品。

三问促销活动。近期开展什么终端活动？是否执行？执行的效果如何？

四问卖场。了解近期是否有单店活动、门店有什么支持政策等。

五问消费者。问消费者对产品的看法及使用情况。尤其是新品，一定要去了解消费者的使用感受，此举可以为门店提供有用的信息。

六问条码。现有多少个条码？有无锁码单品？货源是否充足？是否需要补齐？

七问客情（即客人的情绪）。导购人员与卖场客情是否融洽，与同类导购人员关系是否良好？

八问培训。先问候导购人员，使其增加归属感。再了解导购人员对专业知识的了解情况，观察其介绍时的动作，看有无缺点。身先士卒，对其进行手把手的教导。

3. 四查。

一查销售数据。包括畅销商品及滞销商品的销售数据、近期主题活动的销售数据、新品的销售数据。畅销商品注意不要乱价，使其保持一定优势。滞销产品争取不要锁码，可利用排面特价及赠品资源。

二查库存。现有多少货，货架情况如何，有无缺货，大库存商品第一时间要想办法消化库存，避免退货。

三查促销物料。赠品是否发放？促销物料是否保管好？门店的宣传资料是否到位？

　　四查导购报表。有无做报表？每周一是否报周销量？跟踪近期活动的销售动态，如在做什么促销活动，以及竞品的销售数据。

店长如何开好早会

　　首先是要树立一个中心。让员工感动、激动、心动才会有干劲，有效激励，深入人心，业绩达成才是根本。这就是我们说的"势"，例如组与组面对面站立进行比赛。在早上，就将员工的斗志激发出来。

　　其次确定两个基本点。快乐的心情和灿烂的微笑。做事之前先解决心情，这就决定了早会现场不是一言堂和批斗会，相反早晨的心情应该是愉悦的，微笑就是生产力，正能量无处不在。

　　然后是采取"三明治法"。四两拨千斤，找到杠杆，将欲取之，必先予之，管理工作同样如此。要学会赞美褒扬，针对性的行为描述，直指店员昨天的工作业绩。同时，应及时指出改进之处，使员工更上一层楼，鼓励式地提出今天努力的方向。

　　第四是要强调、安排四件事，即清洁、清扫、整理、整顿。日事日毕、日清日高，真正促使店员们的素养养成。常规责任要养成习惯，边际责任要强调在先，临时安排要讲求奉献，价值需求要植入心间。对于店员来讲，店长要不断地让大家意识到工作的意义。

　　最后是早会过程中必须提及的"五个一"。确立一个典型，一名优秀店员和经典实例；进行一个示范，趁热打铁，揭示品质，以身垂范；发现一个问题，从重要和紧急两个维度衡量，提出问题并限定方案的提交时限；发布一个通知，通报相关行业当下最新动态，并知晓全体；总结一个点评，拿捏有度，恰如其分，针对改进。实际上，管理必须做到标准化、可复制。

活动 1：

　　参与一次超市巡检督导工作，体验巡店的基本要点。

活动 2：

　　仔细观察店长巡检督导时是如何落实"五看、八问、四查"的。

知识练习

一、选择题(请将选出的答案填在括号内)

1. 店长的营业前检查要在( )进行。

A. 门店开门前　　　B. 门店营业前　　　C. 门店营业结束后　　D. 门店晨会后

2. 店长检查的基本内容中不包括( )。

A. 卫生　　　　　　B. 仪容仪表　　　　C. 橱窗物品放置　　D. 财务

3. 店长巡店中的四查不包括( )。

A. 销售数据　　　　B. 产品库存　　　　C. 地面卫生　　　　D. 导购报表

4. 店长巡店中的五看不包括( )。

A. 陈列　　　　　　B. 货品　　　　　　C. 促销　　　　　　D. 顾客

5. 巡查督导每天需要详细分析( )销售数据的情况。

A. 昨天　　　　　　B. 今天　　　　　　C. 明天　　　　　　D. 去年

二、判断题(请在正确的表述后面用"T"表示,错误的表述后面用"F"表示)

1. 陈列及标价的检查不是店长巡检督导的内容。( )

2. 仓库是后方,不需要检查。( )

3. 店长的巡店督导只要查看商品是否缺货即可。( )

4. 门店的晨会可开可不开。( )

5. 下班前,店长应在卖场巡视一圈,确认各项工作正常。( )

2.1.2 环境布置

💡 **任务描述**

　　门店环境是门店无声的推销员,良好的门店环境能够让消费者感觉卖场的商品非常齐全并容易选择,同时有助于门店员工提高工作效率,有助于提高商品的销售业绩。金先生对这点特别有感触,于是安排了同学们跟李经理学习如何做好门店环境布置。

作业流程图

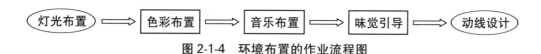

图 2-1-4　环境布置的作业流程图

1. 什么是门店环境布置?

门店环境布置是指门店通过灯光、色彩、音乐、味觉等环境的布置,以及顾客进店后活动动线的设计,展示门店形象,营造门店营销氛围,提高门店经营效率的工作。

2. 门店布置的六大要素是什么?

门店布置的六大要素包括:照明、色彩、音响、气味、通风设施和地板。

 任务实施

李经理领着同学们来到门店大厅,指着周围的灯光为同学们讲解灯光布置。

步骤1:灯光布置

商场的人工照明分为基本照明、重点照明和装饰照明。

基本照明以在天花板上配置荧光灯为主,是对卖场空间全面的照明;重点照明也叫特别照明或商品照明,主要是对服装货架和橱窗等区域的照明;装饰照明主要的功能是营造卖场特殊的氛围,主要起到对商店的美化、商品的宣传、购买气氛的渲染等方面的作用。

基本照明要保证卖场中的基本照度,满足顾客的基本购物要求,因此照明的范围全面、面积大、亮度适中。

重点照明要突出重点商品、吸引顾客,刺激顾客的购买欲望,因此照明的范围局部、面积适中、亮度高。

装饰照明是为了营造氛围,因此照明的范围局部、面积小、亮度低。

想一想:按照明目的不同,不同照明方式的范围、面积、亮度有什么不同?

步骤2:色彩布置

不同的色彩及其色调组合会使人们产生不同的心理感受。

(1)红色:以红色为基调,会给人一种热烈、温暖的心理感受,使人产生一种强烈的心理刺激。红色一般用于传统节日、庆典布置,创造一种吉祥、欢乐的气氛。但是,如果红色过于突出,也会使人产生紧张的心理感受,一般避免大面积、单一采用。

(2)绿色:以绿色为基调,会给人一种充满活力的感觉。绿色又被称为生命色,表现生机勃勃的大自然。在购物环境设计时采用绿色,象征着树木、花草。

(3)黄色:以黄色为基调布置,给人以柔和明快之感,使人充满希望。食品中很多是黄色的,如面包、糕点等,故黄色常作为食品销售区域的主色调。但是,如果黄色面积比例过大,会给人一种病态的"食品变脏"的心理感受,使用时应注意以明黄、浅黄为主,同时避免大面积、单一使用。

(4)紫色:以紫色为基调布置,会给人以庄严、高贵、典雅的心理感觉,使人产生一种敬畏感。紫色调常用于

想一想:怎样通过商场的色彩设计刺激顾客的购买欲望?

销售高档、贵重的商品,如:珠宝首饰、钟表玉器等场所。

(5)黑色:黑色给人一种沉重、压抑的心理感受,一般在商场不单独使用,但与其他颜色适当搭配,也会产生一定的视觉冲击力。

(6)蓝色:蓝色会使人联想到辽阔的海洋、广阔的天空,给人一种深邃、开阔的心理感受,销售旅游商品时采用效果较好。

步骤 3:音乐布置

优美的背景音乐可以创造浓厚的购物情调,舒缓紧张的购物心理;慢节奏的音乐可以增加销售量;快节奏的音乐会增加购物者的移动速度。在具体的运用中,可以在购买高峰时,播放一些奔放的音乐以加速消费者的流动;在购买低谷时,则播放一些清逸的轻音乐以留住消费者的脚步。当然,在不同的商品部门播放不同情绪色彩的音乐能更大程度地吸引顾客:在书刊、文化用品部门播放高雅音乐;服装部门播放轻松音乐;儿童用品部门播放比较活泼的音乐。但是,采用这种形式时必须注意各类音乐不能混杂在一起,否则会引起消费者的反感。另外,据有关研究表明,通常在声音强度为 50 分贝以下的环境中,人的工作状态最佳,超过这一程度会影响人的情绪,造成疲劳,这样既不利于顾客购物也不利于营业人员提供高质量服务。

步骤 4:味觉引导

气味异常,会影响商品的销售量;气味正常,会吸引顾客购买这些商品。人们的鼻子会对某些气味做出反应,以致可以只凭借嗅觉就可嗅出某些商品的滋味。

> ? 想一想:哪些气味对促进顾客的购买是有帮助的?

花店中花卉的气味,化妆品柜台的香味,面包店的饼干、糖果味,蜜饯店的奶糖和坚果味,零售店铺礼品部散发香气的蜡烛,皮革制品部的皮革味,烟草部的烟草味,均是与这些商品协调的气味,这对促进顾客的购买是有帮助的。

步骤 5:动线设计

李经理告诉同学们:"如果把商场比作一个人的话,那么动线就好像人身体内的血管一样的重要,无论上下左右必须通畅,不可有任何阻塞不通的地方。"

动线设计的类型有直线型、环绕型和自由型。

(1)直线型通道也被称为单向通道,这种通道的起点是商场的入口,终点是收款台。顾客依照货架排列的方向单向购物,以商品陈列不重复,顾客不回头为设计特点,它使顾客在最短的线路内完成商品购买行为。

(2)环绕型通道又被称为回型通道,通道布局以流畅的圆形或椭圆形按从右到左的方向环绕整个卖场,使顾客依次浏览、购买商品。

(3)自由型通道,这种通道布局没有具体的路线,顾客不用按照一定的顺序浏览和购买商品。

小贴士

在炎热的夏季,商场的色彩布置可以蓝、棕、紫等冷色调为主,使顾客心理上有凉爽、舒适的感受。采用当期的流行色布置销售女士用品场所,能够刺激顾客的购买欲望,增加销售额。利用儿童对红、粉、橙色反应敏感,销售儿童用品时采用这些颜色,效果更佳。

顾客的性别、年龄、文化状况等与店铺内部环境的色彩有着密切的关系,可归纳如下:

年龄段	偏好的色彩
幼儿期	红色、黄色(纯色)
儿童期	红色、蓝色、绿色、黄色(纯色)
青年期	蓝色、红色、绿色
中年期	紫色、茶色、蓝色、绿色
老年期	深灰色、暗紫色、茶色

 任务拓展

磁石点的分布与配置

1. 第一磁石点。

第一磁石点位于卖场中主通道的两侧,是顾客必经之地,也是商品销售最主要的地方。此处配置的商品主要是:①消费量多的商品;②消费频度高的商品;③主力商品。比如,蔬菜、肉类、日配品(豆、面、奶)等,这些都是大多数消费者随时要使用的商品,也是时常要买的,可将其配置于第一磁石点的位置以增加销售量。

2. 第二磁石点。

第二磁石点穿插在第一磁石点的中间,一段一段地引导顾客向前走,承担诱导消费者走入卖场最里面的任务,因此配置的商品应该是色泽鲜艳、引人注目的流行商品或季节性强的商品。配置的商品主要是:①最新的商品;②具季节感的商品;③明亮、华丽的商品。第二磁石点需要特别突出灯光照度和陈列装饰,让顾客一眼就能辨别出其与众不同的特点,并吸引顾客。第二磁石点上的商品应根据需要隔一段时间或借节气的变化经常更换布置,以吸引消费者的注意。

3. 第三磁石点。

第三磁石点是卖场中央陈列货架两头的端架位置。端架是顾客接触频率最高的地方,要刺激消费者、留住消费者,可配置下列商品:①特价品或促销商品;②自有品牌的商品;③高利润商品;④季节性商品。

4. 第四磁石点。

第四磁石点是指卖场中副通道的两侧,是充实卖场各个有效空间的摆设。这个位置要引起顾客在长长的陈列线中的注意,因此在商品的配置上主要以单项商品来规划,即以商品的单个类别来配置。为了使这些单项商品能引起顾客的注意,应在商品的陈列方法和促销方法上做刻意表达。主要配置的商品为:①流行、时尚的商品;②有意大量陈列的商品;③广告效应强

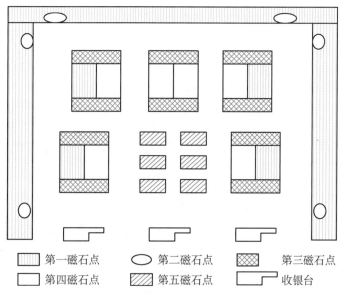

第一磁石点　　　○ 第二磁石点　　　▨ 第三磁石点

第四磁石点　　　▧ 第五磁石点　　　收银台

图 2-1-5　磁石点的分布与配置

的商品。

5. 第五磁石点。

第五磁石点位于收银处前的中间卖场,是组织大型展销、特卖活动的非固定卖场。多品种大量集中陈列的方式能集聚大量的顾客,从而烘托门店气氛。同时展销主题的不断变化,也能给消费者带来新鲜感,从而达到促进销售的目的。

 技能训练

活动 1:

找到商场的磁石点,观察并说出商场是如何布置这些磁石点的。

活动 2:

观察并说出商场一楼化妆柜台在色彩和灯光布置上有什么特点。

 知识练习

一、选择题(请将选出的答案填在括号内)

1. 门店布置的六大要素包括照明、色彩、音响、气味、通风设施和(　　　)。

A. 灯光　　　　　　　　　　　　B. 音乐

C. 环境　　　　　　　　　　　　D. 地板

2. 商场灯光分为三种,分别是(　　　)、特殊照明、装饰照明。

A. 基本照明　　　　　　　　　　B. 一般照明

C. 宣传照明　　　　　　　　　　D. 有效照明

3. 节日中的商场经常采用热烈、温暖的(　　　)。

A. 红色　　　　　　B. 紫色　　　　　　C. 绿色　　　　　　D. 蓝色

4. 针对老年人的商品区经常采用暗紫色、茶色和(　　　)色。

A. 深灰色　　　　　B. 黄色　　　　　　C. 红色　　　　　　D. 绿色

5. 商场背景音乐应在低于(　　　)分贝的环境中。

A. 60　　　　　　　B. 50　　　　　　　C. 70　　　　　　　D. 90

二、判断题(请在正确的表述后面用"T"表示,错误的表述后面用"F"表示)

1. 在购买低谷时,播放一些奔放的音乐以加速消费者的流动;在购买高峰时,则播放一些清逸的轻音乐以留住消费者的脚步。(　　　)

2. 重点照明的范围要局部、面积广泛、亮度高。(　　　)

3. 黄色会使人联想到辽阔的海洋、广阔的天空,销售旅游商品时采用效果较好。(　　　)

4. 第二磁石点位于卖场中主通道的两侧,是顾客必经之地,也是商品销售最主要的地方。(　　　)

5. 在炎热的夏季,商场以蓝、棕、紫等冷色调为主,顾客心理上会有凉爽、舒适的感受。(　　　)

2.1.3 服务督查

任务描述

这几年金先生的门店发展壮大了,专柜在装修上都舍得花大本钱,在陈列设计上也越来越在意(请专业的陈列师在店内做摆设)。硬件的建设已经日趋完善了,那么门店里的现场服务能否跟上呢? 应该要为顾客提供怎样的服务呢? 金先生要求同学们从一个个服务的小细节学习起。

作业流程图

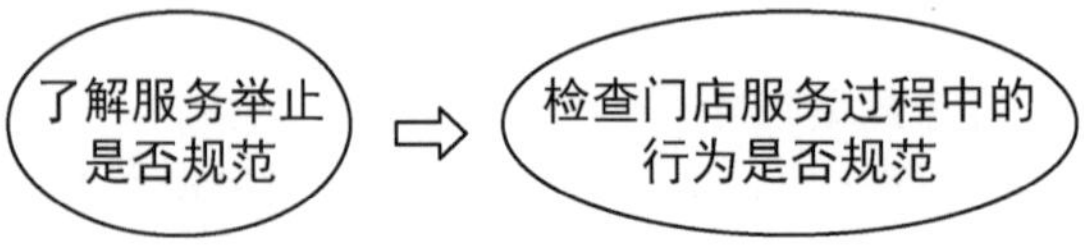

了解服务举止是否规范 ⇒ 检查门店服务过程中的行为是否规范

图 2-1-6　服务督查的作业流程图

1. 顾客接待的基本程序是怎样的?

（1）热情招呼、捕捉时机。

顾客临柜,营业员应面向顾客,面带微笑(微笑要发自内心、要自然,表达的是"看到你很高兴,我愿意随时为您服务"),并使用招呼用语:"您好! 欢迎光临!"随时准备为顾客服务。

以下情况可走近顾客,并主动招呼:

① 当顾客在柜台前脚步放缓并浏览商品时;

② 当顾客长时间凝视某一种商品时;

③ 当顾客触摸某一种商品时;

④ 当顾客抬起头与营业员的目光相对时;

⑤ 当顾客的目光在搜寻时(顾客好像在找什么东西)。

（2）判断顾客的来意。

营业员应采用灵活多样的技巧,接待不同身份、不同爱好的顾客:

① 接待新顾客——注重礼貌;

② 接待老顾客——注重热情;

③ 接待急顾客——注重快捷;

④ 接待精顾客——注重耐心;

⑤ 接待女性顾客——注重新颖、漂亮;

⑥ 接待老年顾客——注重方便、实用。

（3）介绍、拿递、演示商品。

① 面对顾客,要微笑、亲切地看着顾客讲话。

用语:"您好,您需要看点什么"、"我帮你拿一下"、"请稍等"、"这个商品的特点是……,我给您试一下"等。

② 当顾客代人购买服装、鞋类等商品,而又不能明确商品型号、大小、颜色时,应仔细了解穿着者的体型、爱好等详细情况,最好能与现场人员的体型、商品的大小、颜色进行比较,协助顾客做出较为准确的判断。

③ 耐心、细致地解答顾客提出的问题,善于突出门店经营的特色、商品的特性,坚定顾客的购买信心。

在这一个阶段,特别要注意的是介绍商品应实事求是,要主动热情,介绍重点和要点,介绍商品要有连贯性,不要问一句答一句;拿、递商品要轻拿轻放;在推介商品时,应对公司、商场、楼层组织的促销活动进行宣传。

（4）促成生意并介绍关联商品。

在向顾客的讲解过程中,顾客往往会表露出他的顾虑来"这个商品的款式是不是太过时了"、"这个商品的质量怎么样"等,针对顾客的顾虑来讲解,努力促成生意。此外,还应注意关联商品的介绍,如购买相机时提示顾客是否购买电池和存储卡等。介绍过程要诚实,要让顾客感到你是善意的,而不是强行推销商品,也不要过早左右顾客的判断。

(5) 顾客需求评审、开售货小票。

营业员在形成合同(开售货小票)前要进行评审。评审包括:根据顾客的需要查询柜台和周转仓是否有现货,数量是否能满足顾客的需求,所售商品的款式、颜色、性能、质量等方面能否满足顾客的要求,此过程应迅速、利落,不可让顾客等待时间过长。

(6) 付款、交付。

顾客同意购买后,了解顾客是否持有 VIP 卡,开售货小票、顾客付款。收回小票,核对电脑小票(核对数量、金额、印章等无误后,方能付货),提示顾客检查数量、规格、型号、外观、配件及其他注意事项。

操作要点:

① 包装商品应将生、熟、冷冻食品分开,将具有腐蚀性的日化用品(如:洁厕灵等)与其他商品分开。

② 贵重物品(如:黄金首饰、高档电器、高档服装等)、易碎商品包装或装袋前,应再次提醒顾客检查核对商品。可以说:"您再检查一下,我这就为您装起来。"

③ 易碎商品应加以防护(如用报纸包装紧实),包装或装袋过程一定要在顾客面前进行,并做到迅速、利落。

④ 对除超市、封闭式柜台以外的所有开放式柜台可代顾客交款。如顾客交付外币,要跟顾客说明商场的汇率;磁卡和信用卡不可代交。首先保证接待好柜台其他顾客,若柜台仅一人当班,在需代替顾客交款时,应招呼相邻柜台员工帮忙照看柜台。

2. 服务用语的规范有哪些?

(1) 问候语。

例如:"您好"、"欢迎光临"、"请随意选购"。

(2) 顾客进店后的招呼用语。

当顾客进店后,其目光集中,直奔柜台,营业员应立即接待,主动打招呼:

"先生(小姐),您需要什么? 我拿给您看。"

"欢迎光临,请随意参观选购。"

(3) 顾客凝视或者浏览商品时的询问用语。

当顾客长时间凝视某一种商品时,营业员可走过去说:

"先生(小姐),您想看看××(他/她所凝视的商品)吗? 我拿给您。"

"小姐,××(她所凝视的商品)是新款,请您看看,适合您的。"

"先生,这款××(他所凝视的商品)是最新上市的,您看看吧,不买没关系。"

(4) 顾客挑选商品时的介绍用语。

当顾客细摸(细看)或对比摸(看)某一种商品时,营业员应自然地走过去,说:

"小姐,您想买××(她所摸过的商品)吗? 我帮您选,好吗?"

"先生,这商品的性能、质地、规格、特点是……"

"这款商品是采用新工艺加工而成的,时下很流行,买回去馈赠亲友或自己用都很不错,您想看的是这款商品吗?"

"别着急,您慢慢挑选吧。"

"您仔细看看,不合适的话,我再给您拿。"

"这种颜色好吗? 我再给您拿其他颜色的,您看怎样?"

"这款商品降价是因为是旧款,质量没问题。"

(5) 当顾客犹豫不决时的导购用语。

当顾客选购商品犹豫不决时,营业员需要适时地进行引导:

"这款商品虽然价格偏高一些,但美观实用,很有地方特色,您买一个回去,一定会受欢迎,我再给您拿价格低一点的看看,好吗?"

"这款商品在质量上绝对没问题,我们实行'三包',如果质量上出了问题,可以来换,您先买回去和家人商量商量,不合适的话可退换。"

"这款衣服色彩淡雅,跟您的肤色很相配,您穿很合适。"

"您如果不放心,可以去试穿一下。"

"您穿上这套服装更显得成熟、干练。"

(6) 解答顾客询问时的答询用语。

当顾客询问商品的其他信息时,营业员应进行耐心而有礼貌的解答:

"真不巧,您问的商品我们刚卖完,近期不会有,请您到其他商店再看看。"

"您问的这款商品很少有货,请您有空常来看看。"

"这款商品过两天会有,请您抽空来看看。"

"这款商品暂时缺货,请留下姓名及电话,一有货马上通知您,好吗?"

"对不起,我们商店不经营这种商品,请您到别的商店去看看。"

(7) 成交结束时的用语。

营业员在成交阶段,要耐心帮助顾客挑选商品,赞许顾客的选择。包装或装袋好商品后,营业员要有礼貌地交给顾客。在包装商品时,可以对顾客说:

"请等一下,我帮您包装好。"

"这款商品易碎,请您小心拿好,注意不要碰撞了。"

"这款商品容易弄脏(碰坏),请不要跟其他东西放在一起。"

"您买回去若不合适,请保存好,只要不损坏,可以拿回来退换。"

在成交阶段,还可以使用一些赞美顾客的语言:

"您真会买东西,拿回去您的先生(太太)会很高兴的。"

"看得出,您是一位很会过日子的人,您真有眼力,把最好的商品挑选回去。"

"您对子女的爱真是了不起。"

"难得您有一片孝心,父亲节为老爸买这么贵重的礼物。"

任务实施

步骤1：了解服务举止是否规范

（1）站立姿势：应该精神饱满站立服务。双目平视，双脚自然分开与肩同宽，挺胸、收腹。站立时双手交叉轻扣在下腹部，或双手交叉放于背后。不能驼背、耸肩、插兜，不能叉腰、交抱胸前。站立时不能斜靠在货架或柜台上。

（2）不在营业厅内搭肩、挽手、挽腰，需要顾客避让时应说"对不起"。

（3）不随地吐痰、乱丢杂物，不当众挖耳、抠鼻、修剪指甲，不在营业厅里脱鞋、伸懒腰。上班时间不哼歌、不吹口哨。

想一想：为什么营业员在营业时的服务举止这么重要？

（4）接待顾客时，咳嗽、打喷嚏应转向无人处，用手遮住，并说"对不起"。

（5）各级管理人员不能在顾客面前斥责员工，员工之间不得在顾客面前争吵。

（6）不在卖场议论顾客以及其他同事的是非。

（7）当有顾客询问时应停下手中的工作，面向顾客回答问题；当为顾客指示方向时，手臂伸直，五指并拢，不得用笔、转头、努嘴等方式为顾客指示方向。

步骤2：检查门店服务过程中的行为是否规范

金先生告诉同学们："营业员规范性的服务能增加顾客的好感，提高顾客购买的欲望。"让我们一起和金先生去看看销售服务人员怎样做才是正确的。

（1）顾客使用后感到满意才是销售的完成，因此营业员必须为顾客提供一次性到位的完善服务，因为任何退换货既浪费顾客的时间，也有损门店的信誉。

（2）为顾客提供轻松、自由的购物环境，不以过分热情的服务影响顾客的购物心情与行为。

（3）根据顾客的活动情况灵活调整站位，最好是与顾客保持1.2米的空间，不要长时间站立在一个位置，也不要总是站在顾客想挑选的商品旁边。

（4）在顾客需要帮助时必须及时上前服务，绝不允许对顾客说"我正忙着"。

（5）为顾客提供真诚的服务，如实介绍商品的产地、价格、性能、质量，不夸大其辞。

（6）当顾客为选购商品的品种、型号或特性犹豫不决时，营业员应该提出明确的个人建议，帮助顾客决定，切忌模棱两可地答复，更不能请顾客先买回去试一下，不行再买或换。

（7）耐心、细致地解答顾客提出的问题，善于突出门店经营或商品的特色，坚定顾客的购买信心。

（8）当顾客多次挑选某一商品而不购买时，应始终保持同样的服务态度，不得有丝毫的不耐烦、不高兴。

（9）当顾客言行过激时，周围的员工应主动上前替当事员工向顾客赔礼道歉，并代其继续接待顾客，缓和现场气氛，如仍无法解决，应及时汇报当班负责人。

（10）不得强行检查顾客物品，如有疑虑应及时向当班负责人反馈或提醒顾客是否忘了付款。

介绍完了门店服务过程中的行为规范,金先生说道:"当前门店之间在产品质量、售后服务、品牌、价格四大领域的竞争几乎达到同一水平,面对这种市场形势,门店要想赢得竞争的优势,做好服务是关键,只有通过自身的努力把服务做得更好,比别的门店更有特色,才能吸引更多的客户。"

> **?**
> 想一想:为什么营业员在服务过程中的行为要有规范?

小贴士

"做"与"说":

商场里很多营业员都对"动作"不以为然,认为在服务过程中"说"是最重要的,要说得好听。果真是这样吗?在人与人之间的接触中,行为学研究得出这样的结论:人所获取的信息83%来自视觉,11%来自听觉,3.5%来自嗅觉,1.5%来自触觉,1%来自味觉,就是说视觉是最大的影响因素。因此,"做"和"说"在销售活动中一样重要。

 任务拓展

了解员工仪容仪表标准的规定

1. 男性:

(1)头发:发型朴素,梳理整齐,前不遮眉,后不盖领,侧不过耳。

(2)面部:洁净清爽,胡须剃净,鼻毛不可过长。

(3)口腔:保持清洁,口气清新,早晚刷牙,饭后漱口,班前不吃刺激性食品。

(4)制服:配套完整,干净整洁,大小得体,熨烫平整,制服外不得显露个人物品,衣、裤口袋整理平整,勿显鼓起。

(5)领带(领结):领带要打饱满、端正顶紧领口,长度一定要盖过皮带扣。

(6)铭牌:洁净明亮无污迹,佩于左胸前。

(7)袜子:穿深色袜子,无破损,勤更换。

(8)鞋子:穿黑色皮鞋,皮革须光亮,布鞋须洁净。

(9)首饰:只能戴一枚戒指、一块手表,不得戴耳环。

(10)指甲:修剪整齐,不得留长指甲。

(11)身体:站姿挺拔,精神抖擞,无体味。

2. 女性:

(1)头发:发型朴素,梳理整齐,前不遮掩,后不过肩,长发后束,用暗色发夹,一线员工长发须盘起。

(2)面部:洁净清爽,面施淡妆。

(3)口腔:保持清洁,口气清新,早晚刷牙,饭后漱口,班前不吃刺激性食品。

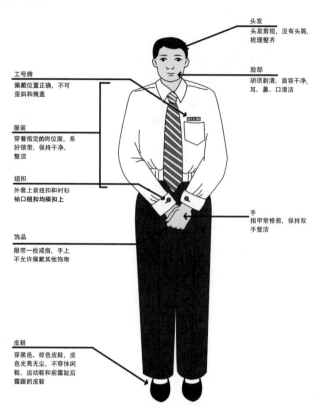

头发
头发剪短，没有头屑，梳理整齐

脸部
胡须刮清，面容干净，耳、鼻、口清洁

工号牌
佩戴位置正确，不可歪斜和掩盖

服装
穿着指定的岗位服，系好领带，保持干净、整洁

纽扣
外套上装纽扣和衬衫袖口纽扣均须扣上

手
指甲常修剪，保持双手整洁

饰品
限带一枚戒指，手上不允许佩戴其他饰物

皮鞋
穿黑色、棕色皮鞋，皮色光亮无尘，不穿休闲鞋、运动鞋和前露趾后露跟的皮鞋

图 2-1-7　员工仪容仪表标准（男性）

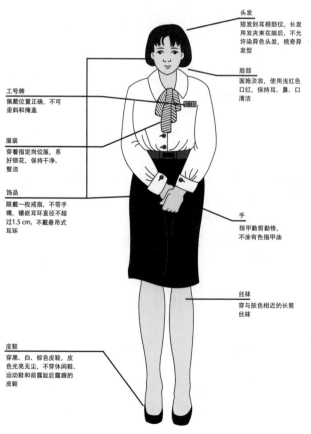

头发
短发到耳根部位，长发用发夹束在脑后，不允许染异色头发，梳奇异发型

脸部
面施淡妆，使用浅红色口红，保持耳、鼻、口清洁

工号牌
佩戴位置正确，不可歪斜和掩盖

服装
穿着指定岗位服，系好领花，保持干净、整洁

饰品
限戴一枚戒指，不带手镯，镶嵌耳环直径不超过1.5 cm，不戴悬吊式耳环

手
指甲勤剪勤修，不涂有色指甲油

丝袜
穿与肤色相近的长筒丝袜

皮鞋
穿黑、白、棕色皮鞋，皮色光亮无尘，不穿休闲鞋、运动鞋和前露趾后露跟的皮鞋

图 2-1-8　员工仪容仪表标准（女性）

（4）制服：配套完整，干净整洁，大小得体，熨烫平整，制服外不得显露个人物品，衣、裤口袋整理平整，勿显鼓起。

（5）领花：领花要打饱满、端正顶紧领口。

（6）铭牌：洁净明亮无污迹，佩于左胸前。

（7）袜子：裙装、裤装穿肉色袜子，无破痕、抽丝，勤更换。

（8）鞋子：穿黑色鞋，皮鞋须光亮，布鞋须洁净。

（9）首饰：只能戴一枚戒指、一块手表，不允许戴悬吊式耳环。

（10）指甲：修剪整齐，不得留长指甲，不得涂有色指甲油。

（11）身体：站姿挺拔，精神抖擞，无体味。

 技能训练

活动 1：

按题目中的内容演示服务的过程，并根据营业员的服务行为标准，说一说以下两名服务员的服务是否有不周之处。

（1）一次，我走进某品牌的专柜前，看中一款笔，指问可否拿出来看看，营业员马上说"可以，请稍等下"。她拉开一个抽屉，拿出一个托盘，托盘上一副白手套，她首先戴上手套，然后拿出钥匙打开柜台，双手取出那支笔，用绸布擦了一番，双手托笔向我展示了一下，然后打开来给我看，开始介绍笔的特点⋯⋯

（2）一位顾客带着孩子走进某专卖店，要求试穿某件童装，营业员就问："小姐，您小孩穿多大码"？顾客回答："我不知道你们品牌的码数是什么样的。"于是，营业员拿了不同尺码的衣服给小孩试，最后终于选到了合适的尺寸。

活动 2：

仪态训练：全班分成两组面对面进行站姿、行态、手势、举止的练习并相互评价。

 知识练习

一、选择题（请将选出的答案填在括号内）

1．当门店之间在产品质量、售后服务、品牌、价格四大领域的竞争几乎达到同一水平，门店想要赢得竞争的优势，做好（　　）是关键。

A．扩张　　　　　　　B．合作　　　　　　　C．服务　　　　　　　D．装潢

2．（　　），营业员不必走近顾客，也不须主动招呼。

A．当顾客路过店门口时

B．当顾客长时间凝视某一种商品时

C．当顾客在柜台前脚步放缓，并浏览商品时

D．当顾客抬起头与营业员的目光相对时

3. 顾客临柜,营业员应面向顾客,面带微笑地(　　)。

A. 挥手致意 　　　　　　　　　　B. 主动上前打招呼

C. 注视不打招呼 　　　　　　　　D. 在原地打招呼

4. 当为顾客指示方向时,可以用(　　)指示方向。

A. 笔 　　　　　　　　　　　　　B. 手臂伸直,五指并拢

C. 转头 　　　　　　　　　　　　D. 努嘴

5. 营业员在介绍商品时,应(　　)。

A. 适当夸大 　　　B. 多吹嘘 　　　C. 实事求是 　　　D. 照着说明书说

二、判断题(请在正确的表述后面用"T"表示,错误的表述后面用"F"表示)

1. 如顾客需要帮助但自己在忙时,可先不管顾客,待忙完再服务。(　　)

2. 在商场里,营业员应注重如何说得好听,其行为是次要的。(　　)

3. 顾客在使用商品后感到满意才是销售的完成。(　　)

4. 在卖场不可议论顾客以及其他同事的是非。(　　)

5. 为了表示自己的服务热情,顾客在挑选商品时应紧随其后。(　　)

模块 2.1 现场督导

⚙ **综合技能实践**

现场巡店

一、实训内容

1. 参加一次门店的巡店工作。
2. 运用本模块所学的内容完成现场巡店工作,写出巡店感想。

二、实训目标

通过本次任务的训练,学会巡店工作。

三、实训过程

1. 明确任务。

将全班分成若干小组,每组 4～6 人,明确本次实训的任务——"现场巡店"。

2. 制定计划。

通过小组讨论,制定工作步骤,确定相应的工作目标、工作内容、工作方法及人员分工,完成"小组工作计划书"。

小组工作计划书

工作内容	工作步骤	工作目标	工作方法	负责人	完成时间	验收人
了解巡店的内容						
跟店长巡店						
了解门店布置						
检查门店的服务						

3. 实施计划。

组织小组参加某门店的巡店工作并填写"小组活动记录表"。

小组活动记录表

组别:　　　　　　　　　　　　　　　活动时间:

门店名称		门店地址	
建立时间		目前规模	
活动的证明人		证明人所在单位	
证明人职务		证明人电话	
参加活动过程简述			
本次活动的感悟			
证明人对活动的评价			

4. 交流分享。

请各小组将活动的情况进行分析和总结,形成一份书面的报告,在班上进行交流汇报,并将最后的小组评分记入"小组活动汇报记录"中。

小组活动汇报记录

小组序号	分享内容	主讲人	评分

四、实训积分账户卡

教师组织填写"任务完成情况评价要素表",对本次实训过程中学生的完成情况进行一个综合评估。

任务完成情况评价要素表

组别:　　　　　　　　　　　　　　　　　　　　学生姓名:

序号	考核点	分值(100 分)	得分	累计积分账户
	小组评价	**共 30 分**		
1	态度与纪律	5		
2	出勤情况	5		
3	参与调研时与人沟通的能力	6		
4	参与讨论的积极性	6		
5	团队合作表现	8		
	本人评价	**共 30 分**		
6	准确落实巡店要点	10		
7	正确找到磁石点	10		
8	正确判断服务是否达标	10		
	教师评价	**共 40 分**		
9	现场督导知识的掌握	20		
10	现场督导技能的掌握	20		
本次实训分数小计				

模块 2.2　销售管理

请每一个小组选出一位同学朗读商品说明书,看哪一组的选手吐字最清楚,声音最洪亮。

模块介绍

工作情景图

图 2-2-1　销售管理的工作情景图

学习目标

- 能依据销售目标,制定店面销售计划。
- 能根据销售计划,恰当、合理地分配销售任务。
- 能根据销售数据进行销售分析。

情景描述

　　销售是商业门店的硬功夫,门店店长店面管理的重要内容之一就是销售管理,金先生是做销售出身的,对于销售管理他可是一个资深的行家,从制定销售计划到销售任务分配,以及日常的销售管理,金先生讲起来如数家珍,这次他将亲自来教同学们学习销售管理。

2.2.1　销售计划制定

任务描述

　　每一家经营成功的店铺,都有一位能干的店长,他在做销售管理工作时,首要职能就是制定一个切实可行的销售计划。那么,金先生管理的门店应该如何制定一个有效的、切实可行的销售计划呢?

作业流程图

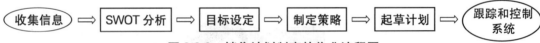

收集信息 ⇒ SWOT 分析 ⇒ 目标设定 ⇒ 制定策略 ⇒ 起草计划 ⇒ 跟踪和控制系统

图 2-2-2　销售计划制定的作业流程图

　　一份切实有效的销售计划应包括哪几项内容?
　　(1)市场分析。
　　市场分析是对所经营的零售店的市场、产品、竞争状况、消费行为特点等的销售历史、现状以及未来发展的高度概括和总结。它是店铺所作决策的指导性纲要。
　　(2)销售目标。
　　店铺的销售目标可分为定性目标和定量目标两种。定性目标主要是对店铺的市场形象、店员的服务质量、市场竞争地位等定性的目标。店铺所经营商品的市场占有率、营业收入的额度、利润、投资回报率等属于定量目标。
　　(3)销售行动计划。
　　一个良好的行动计划应明确地规定销售活动的内容、主要的负责人、活动的开始和结束日期、活动的费用预算、活动的日程安排以及绩效的评估方法等,它为实现目标制定了具体的行动步骤并进行了周密的布置。

任务实施

金先生带着同学们从收集信息开始,学习如何制定一份销售计划。

步骤 1:收集信息

金先生告诉同学们:"制定门店计划需要了解门店周边的环境、消费者满意度情况,收集顾客对门店的意见和建议、专家的意见,可以通过市场调查、座谈会、访问等多种方式来收集信息。"

 想一想:为什么销售计划制定前要收集信息?

想一想:为什么制定销售计划还要进行 SWOT 分析?

步骤 2:SWOT 分析

"收集信息之后,我们还需要通过 SWOT 分析,明确门店具有的优势(strength)、劣势(weakness),面临的机会(opportunity)、威胁(threat),为制定门店目标奠定基础。"金先生说道。

步骤 3:目标设定

这里的目标主要是门店阶段运营要达到的目标,包括要达到的基本指标(如:销售预算总额、利润率、预算毛利额、预算毛利率等)。

另外,目标的设定要注意以下几点:

(1)具体。目标不可以太笼统,要具体,这样才有利于管理,才有利于目标的达成。例如:店长在确定店铺的销售目标时不但要有总的目标,而且一定要将其细化到每个月甚至每一天。诸如:每一个营业员每天要完成多少销售量?要向多少位顾客销售多高的营业额才能完成?

(2)可衡量。目标应该量化,用资料说话,这样才有实际指导意义,有了具体的数字就可以很直观、明确地知道每天应完成的目标。

(3)可实现。目标虽然应有一定高度,但不能过于夸张,店长一定要根据自己店铺的客观情况、店员的实际水平以及各种客观因素制定销售目标。

(4)现实。销售目标应该与实际销售工作密切结合,让它充分体现在实际销售过程中。在设定目标时,一定要仔细分析实际情况,将那些亟须改进、直接影响销售成果的因素首先设定在目标中。

(5)限时。设立的目标一定要有时间限制,这样才不会因目标拖时过长而无法衡量。而这一点常常被人忽视,一个没有时间限制的目标等于没有目标。

(6)一致。即与总体目标一致,区域销售目标要服务和服从于整体营销目标。

步骤 4:制定销售策略

制定销售策略一般要集中在销售能力、产品选择、价格策略、促销策略、竞争策略等几个方面。

步骤 5:起草计划

销售计划起草时要考虑到店铺的销售思路、销售预测、市场潜力预测、店铺目标的制定、费用预算等因素,使它成为一个有

想一想:一份完整的销售计划应该包括哪几个方面?

效的、切实可行的销售计划。

步骤6:跟踪和控制系统

当同学们以为销售计划制定工作已经结束时,金先生笑着说道:"销售店长在制定计划中还有最后一个需要考虑的问题,就是如何跟踪和控制以上所有内容。"这需要建立相应的销售信息系统,并定期回顾以确保该计划的实现。每隔一段时间复查计划可以帮助自己确定它是否产生了所需要的结果,这是对销售计划执行的控制。最常见的办法是店长将销售计划规定的目标和预算按月份或季度分解,汇总上报,便于上级进行有效的监督检查,同时有利于督促未完成的部门和个人改进工作,以确保计划的有效实施。与此同时还应注意市场变化,定期更新计划以响应市场环境的变化。

小贴士

(1) 通过营销计划的制定,不仅理清了销售思路,而且还为其具体操作指明了方向,实现了年度销售计划从主观化到理性化的转变。

(2) 实现数字化、制度化、流程化等基础性营销管理,这不仅量化了全年的销售目标,而且还通过销售目标的合理分解,细化到人员和月度,为每月营销企划方案的制定做了技术性的支撑。

(3) 通过年度销售计划,整合了企业的营销组合策略,确定了新的一年营销执行的模式和手段,为市场的有效拓展提供了策略支持。

(4) 通过年度销售计划的拟订,为优秀营销团队的快速发展以及创建学习型、顾问型的营销团队打下了一个坚实的基础。

任务拓展

学习如何制定周销售计划

1. 确定周计划的时间。

根据门店的考核与管理情况确定周计划是从周一到周日,还是从周六到周五。

2. 确定一周的工作内容。

按事情的大小、重要性进行排列。必须完成的一定要完成,一定要有工作台账或工作任务清单。

3. 每天的工作项目清单。

将事情安排到每天,每天都要有一个日计划,要有日工作清单,这样能保证周计划的完成。

4. 周计划的检查。

每周三下午或周四上午一定要再检查一遍,看计划是否完成以及完成的怎么样。如果完成不好,那么就要采取措施,决定周六、周日是否加班,周计划是必须要保证完成的。

5. 制定周计划时的常见问题。

（1）抓不住重点,不知道哪些工作是必须要完成的。

（2）分工不清,不知道谁来完成。

（3）数字目标不清晰。

（4）走过场,在一起说说而已,或者报上去没有检查。

（5）与月计划中的周进度没有很好地结合。

（6）工作任务量不能过大。任务根本就完不成,造成周计划经常落空。

（7）要清楚一周内每天的工作,而且每一个员工也要清楚每天都需做什么。

 技能训练

活动 1:

到附近的便利店了解其月销售计划,询问他们月销售计划的制定过程。

活动 2:

依据销售计划制定的流程制定一份便利店销售周计划,并与店里已有的计划对照差异。

 知识练习

一、选择题(请将选出的答案填在括号内)

1. 一份切实有效的销售计划应包括(　　)、销售目标和销售行动计划。

A. 目标分析　　　　B. 市场分析　　　　C. 管理分析　　　　D. 人员分析

2. 通过(　　),明确门店具有的优势、劣势,面临的机会、威胁,为门店制定店铺目标奠定基础。

A. 目标分析　　　　B. 市场分析　　　　C. 人员分析　　　　D. SWOT 分析

3. 目标虽然应有一定高度,但不能过于夸张,这体现了目标设定中的(　　)。

A. 可衡量　　　　B. 可实现　　　　C. 现实　　　　D. 一致

4. (　　)包含销售能力、产品选择、价格策略、促销策略、竞争策略几方面。

A. 销售策略　　　　B. 销售战略　　　　C. 销售计划　　　　D. 销售方式

5. 店铺的销售目标可分为定性目标和(　　)两种。

A. 定向目标　　　　B. 定量目标　　　　C. 定位目标　　　　D. 定值目标

二、判断题(请在正确的表述后面用"T"表示,错误的表述后面用"F"表示)

1. 市场分析是店铺所作决策的指导性纲要。(　　)

2. 制定门店计划需要了解门店周边的环境、消费者满意度情况,收集顾客对门店的改进意见、专家的意见。(　　)

3. 销售行动计划为实现目标制定了具体的行动步骤并进行了周密的布置。(　　)

4. 销售计划实现了年度销售计划从理性化到主观化的转变。(　　)

5. 起草计划工作完成后,整个销售计划制定工作就全部完成了。(　　)

2.2.2 销售分析

任务描述

一个月的门店销售结束了,负责销售的赵经理需要向金先生汇报一个月销售计划的完成情况,需要总结出关键的销售数据。他让同学们帮助他一起完成这项工作。

作业流程图

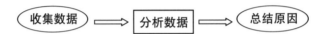

图 2-2-3　销售分析的作业流程图

知 识 窗

反映销售情况的重要数据有哪些?

零售业的关键数据有销售额、毛利额、毛利率、坪效、客流量、客单价、同比、环比、占比等。

(1) 销售额是指门店销售商品的含税总金额。

$$销售额 = 销售单价 \times 销售数量$$

(2) 毛利额与毛利率。

毛利额是指商品实现的不含税收入减去其不含税成本的差额。

$$毛利额 = 不含税销售收入 - 不含税成本$$

毛利率反映企业每一元收入中含有多少毛利额,它是净利润的基础,表示的是一个比值,是一个相对数,它反映获利能力。

$$毛利率 = (不含税销售收入 - 不含税成本) / 不含税销售收入 \times 100\%$$

(3) 客单价是指在一定时期内,每位顾客消费的平均价格。客流量是指在一定时期内到店的人次数。

$$客单价 = 商品平均单价 \times 每一顾客平均购买商品个数$$

门店的销售额是由客单价和顾客数(客流量)所决定的,因此,要提升门店的销售额,除了尽可能多地吸引进店客流,增加顾客交易次数外,提高客单价也是非常重要的途径。

（4）坪效是指每坪的面积可以产出多少营业额。

$$坪效 = 销售额 \div 门店营业面积$$

以百货公司为例，店里不同的位置，所吸引的客户数也不同。一楼入口处通常是最容易吸引顾客目光的地方，在这样的黄金地段一定要放置能赚取最大利润的专柜，所以百货公司的一楼通常都是化妆品专柜。

（5）环比：反映本期比上期增长了多少。

$$本期数环比增长率 = （本期数 - 上期数）/ 上期数 \times 100\%$$

（6）同比：一般情况下是指今年第 n 月与去年第 n 月比。同比发展速度主要是为了消除季节变动的影响，用以说明本期发展水平与去年同期发展水平对比而达到的相对发展速度。

$$同比增长速度 = （本期发展水平 - 去年同期水平）/ 去年同期水平 \times 100\%$$

 任务实施

依据公式，赵经理和同学们开始进行销售数据的计算、总结和分析工作。

步骤 1：找到关键的销售数据（销售额、毛利额、客流量）

店里今年的销售额为 4738 万元，不含税的销售收入为 3932.5 万元，客流量约为 11 万人次，销售成本为 2630.5 万元（不含税成本）。

步骤 2：依据计算公式计算出关键的销售数据（毛利额、毛利率、坪效、客单价、环比等数值）

依据毛利额 = 不含税销售收入 - 不含税成本，得出毛利额为 1302 万。依据毛利率 =（不含税销售收入 - 不含税成本）/ 不含税销售收入 $\times 100\%$，得出毛利率为 33%。坪效为 16元 / 平方米，平均客单价比去年高出 20 元（去年为 87 元，今年平均客单价为 107 元，见下表）。依据环比增长率 =（本期数 - 上期数）/ 上期数 $\times 100\%$，得出环比增长率为 17.7%。

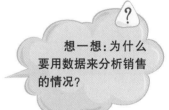

想一想：为什么要用数据来分析销售的情况？

项目	销售额(万元)	毛利额(万元)	客单价(元)	日均坪效(元/平方米)	损耗率(%)	每天平均客流量(人次)	平均毛利率	环比销售增长率
去年	4025	1106	87	13	1.02	243	29%	+17.7%
今年	4738	1302	107	16	0.8	286	33%	

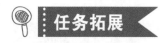

销售分析的注意事项：

（1）必须有数据。零售业是一个用数据说话的行业，业绩的好坏要看数据，数据是最有力的证据。为找到数据的价值，可用同比、环比、占比等数值。零售业的关键数据有销售额、POS 机毛利额、毛利率、后台费用、客流量、客单价等，这几项数据基本涵盖了经营指标的完成情况。数据的分析要根据公司制定的目标，详略得当。公司重点关注的指标，需要做重点分析。如果仅是数字的罗列，看不到深层次的原因，是无法对明年的工作予以指导的，那就失去总结的意义了。

（2）做数据分析。在报告里上级领导要看到思考的过程和结果。比如做品类销售同比分析，可由粗到细逐步分析，先做大类分析，找出同比下降的大类，再把下降的大类里的中类做同比，找出同比下降的中类，然后再做小品类、细品类，甚至最后到单品，单品可从库存、价格、促销等方面再深入下去分析，这样做能找出问题或优势所在。通过分析，能清晰地知道哪方面做得好，哪方面还需要改进。

（3）用必要的图表。许多人做工作总结时，喜欢放上各种图表。如果文字说明不了的问题，可用图表辅以说明，这能起到画龙点睛的作用。但有的总结满篇都是图表，事无巨细地把数据通通罗列上去。这样，会造成很大的阅读障碍，因为看图表需要花费时间理解作者的意图，也需要理解其中表达的含义，所以大多时候图表是略过去的。精心做的图表最后只成了摆设实在可惜。所以，在工作总结里，需要作者提炼图表里的含义，用文字表达出来，让大家看得一目了然，不要人为设置障碍。

（4）称谓写法。代表团队写总结要尽量忽略"我"的表达，要多写我们。团队的工作成绩是大家努力的结果，而不是某个人完成的。如果一味主诉"我"的功劳，而忽视其他人的努力，这样的总结难免会给人留下强烈的个人主观色彩印象。对上级领导而言，他更希望看到的是团队的力量，而不是个人成绩的表述。

（5）问题如何写？对当前的问题，许多总结大多是一笔带过，或避重就轻。如果站在工作层面，如果想明年尽快改善工作的症结，建议对问题作开诚布公的表述。利用这个机会与领导和同事们探讨，或引起领导的注意，这对促进明年的工作能起到良性推动作用。

任务拓展

查看企业销售情况的数据报告

以下是物美超市集团的 2015 年上半年销售情况的汇报：

在实体零售业竞争加剧以及电商的冲击下，物美集团交出了上半年业绩答卷。物美最新发布的中期业绩报告显示，截至 6 月 31 日，物美销售总额为 116.8 亿元，较去年同期增长 12％，客单价增长 11.67％。财报显示，报告期内物美集团毛利润为 3.15 亿元，较去年同期下降 16.5%。今年上半年以来销售增长放缓。

技能训练

活动 1:

  上海购物中心 2012 年 6 月份营业总规模为 76.28 亿元,按去年同期同口径 72.57 亿元,同比增长 5.1%。剔除新增 4 家企业因素,同比增长 2.6%;按上期同口径 82.09 亿元,环比减少 7.6%。1~6 月营业总收入达 602.04 亿元,同比增长 3.2%,剔除批发同比增长 5.2%。

  请列出这份报告中与销售有关的数据。

活动 2:

  请说明"活动 1"中的报告所列的数据代表的含义。

知识练习

一、选择题(请将选出的答案填在括号内)

1. 要评判门店业绩的好坏与否,(　　)是最有力的证据。

  A. 数据　　　　　　B. 数字　　　　　　C. 成绩　　　　　　D. 表现

2. (　　)是指每坪的面积可以产出多少营业额。

  A. 业绩　　　　　　B. 客单价　　　　　　C. 坪效　　　　　　D. 同比

3. 如果文字说明不了的问题,可用(　　)辅以说明,能起到画龙点睛的作用。

  A. 图表　　　　　　B. 表述　　　　　　C. 变换字体　　　　　　D. 图像

4. (　　)反映企业每一元收入中含有多少毛利额,它是净利润的基础。

  A. 销售额　　　　　　B. 毛利率　　　　　　C. 环比　　　　　　D. 客单价

5. (　　)主要是分析本月销售情况,通过这组数据的分析可以知道同比销售趋势、实际销售与计划的差距。

  A. 销售分析　　　　　　B. 指标分析　　　　　　C. 毛利分析　　　　　　D. 商品分析

二、判断题(请在正确的表述后面用"T"表示,错误的表述后面用"F"表示)

1. 销售额是指商品实现的不含税收入减去其不含税成本的差额。(　　)

2. 客单价是指在一定时期内,每位顾客消费的平均价格。(　　)

3. 同比反映的是本期比上期增长了多少。(　　)

4. 销售分析的第一步是要分析数据。(　　)

5. 反映销售情况的重要数据只有销售额。(　　)

模块 2.2 销售管理

⚙ 综合技能实践

销售计划执行评估

一、实训内容

1. 收集一家门店的月经营数据。

2. 运用本模块所学的内容，写出销售情况分析报告。

二、实训目标

通过本次任务的训练，学会进行销售分析。

三、实训过程

1. 明确任务。

将全班分成若干小组，每组 4～6 人，明确本次实训的任务——"销售计划执行评估"。

2. 制定计划。

通过小组讨论，制定工作步骤，确定相应的工作目标、工作内容、工作方法及人员分工，完成"小组工作计划书"。

小组工作计划书

工作内容	工作步骤	工作目标	工作方法	负责人	完成时间	验收人
查找数据						
计算数据						
分析结果						

3. 实施计划。

组织小组参加某门店的销售分析工作并填写"小组活动记录表"。

小组活动记录表

组别：　　　　　　　　　　　　　　　　　活动时间：

门店名称		门店地址	
建立时间		目前规模	
活动的证明人		证明人所在单位	
证明人职务		证明人电话	
参加活动过程简述			
本次活动的感悟			
证明人对活动的评价			

4. 交流分享。

请各小组将活动的情况进行分析和总结,形成一份书面的报告,在班上进行交流汇报,并将最后的小组评分记入"小组活动汇报记录"中。

小组活动汇报记录

小组序号	分享内容	主讲人	评分

四、 实训积分账户卡

教师组织填写"任务完成情况评价要素表",对本次实训过程中学生的完成情况进行一个综合评估。

任务完成情况评价要素表

组别:　　　　　　　　　　　　　　　　　　学生姓名:

序号	考核点	分值(100分)	得分	累计积分账户
	小组评价	**共30分**		
1	态度与纪律	5		
2	出勤情况	5		
3	参与调研时与人沟通的能力	6		
4	参与讨论的积极性	6		
5	团队合作表现	8		
	本人评价	**共30分**		
6	能正确制定销售计划	10		
7	能抓住重要的销售数据	10		
8	能进行简单的销售分析	10		
	教师评价	**共40分**		
9	销售管理知识的掌握	20		
10	销售管理技能的掌握	20		
	本次实训分数小计			

模块 2.3　促销管理

说说你最感兴趣的商场营销活动,并说出它的创意点在哪里。

模块介绍

工作情景图

图 2-3-1　促销管理的工作情景图

学习目标

● 能依时节的不同以及销售目标的完成情况,制定恰当的店面促销活动方案;能按照现场管理的要求,进行软装布置,营造积极轻松的促销环境。

● 能列举门店促销方式的种类;能说出门店促销的实施要求;能列举门店促销活动方案的主要内容;能说出门店促销环境的相关要求。

情景描述

　　节假日是商业门店销售的黄金季节,各门店会通过各种促销手段抢夺市场,争取最大的销售业绩。"国庆节"快要到了,金先生的店又开始了新一轮的节日促销准备,这可是学习促销的好机会,同学们积极报名参加金先生店里的"国庆节"促销活动。金先生说:"同学们,促销可是大家的专业核心技能,这次请同学们一起加入我们店营销部的节日促销工作团队,用你们的智慧为我们的'国庆节'促销活动贡献出好的营销点子。"

2.3.1　选择促销方式

任务描述

　　离国庆节还有三个多月,金先生门店营销部召开了第一次节前会议,主要的内容是准备国庆节的节日促销活动,小张和同学们一起列席会议,会议上营销人员列举出的各种促销方式丰富多彩,这让同学们眼花缭乱。营销部经理张虹看出了大家的不适应,于是对同学们说:"大家别急,学促销我们从简单的来,同学们这两天先参与选择门店节日促销方式的工作吧。"

作业流程图

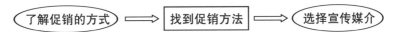

图 2-3-2　选择促销方式的作业流程图

　　1. 什么是促销?

　　促销就是卖场运用各种沟通方式、手段,向渠道或消费者传递商品(或服务)信息,实现双向沟通,使渠道或消费者对卖场及其商品(或服务)产生兴趣、好感与信任,进而作出购买决策的活动。

　　2. 门店促销的功能是什么?

　　(1)沟通功能。促销的要素是信息、说服与沟通,所以促销的本质是一种说服性的沟通活动。促销可以给顾客带来新鲜感,提升其对品牌的忠诚度,加深顾客对某商品品牌的印象,间接提升卖场的品牌形象。

　　(2)销售功能。提高顾客购买数量和购买频率,鼓励大量购买以迅速提升卖场整体销售量,提高平均购物金额。此外,还可以促进老品、积压品清库,降低卖场库存。

(3)激励功能。带动客流量,争取潜在顾客尝试性购买,从而增强顾客的认知度,扩大消费群体,产生额外的销售。

(4)竞争功能。提高顾客忠诚度,吸引竞争对手的顾客,使其改变既有的消费习惯,打击竞争对手。

(5)协调功能。加强与供应商、媒体等的合作,协调彼此的利益与立场。

3. 促销策划的原则是什么?

(1)明确目标和整体安排原则:年度促销规划要具有连贯性。

(2)充分利用供应商资源:关注定制的客户促销方案。

(3)产品季节性展示原则,即"季节为大"原则:根据季节展示相应产品。

(4)节庆日、纪念日造势原则:顺势造势、借势造势,扩大影响,引发购买。

(5)新品上市推介原则:新产品上市必须进行促销推介。

(6)商圈竞争性原则:必须有确定的竞争对手,要找到商圈内具体的竞争对手。

(7)现场互动原则:69%的购买是现场决定的,增加与客户互动,可以促进购买。

4. 促销活动种类有哪些?

(1)长期性促销计划。选定一个全年的促销主题在不同时期制定一系列促销活动,如:全年节日促销计划等。

(2)短期促销计划。如新店开张、周年店庆的促销计划,配合社会性、政治性事件发生的促销活动等。

(3)随机促销计划。通常是根据往年的经验与教训,对可能发生的事件进行前瞻和预测后制定的促销活动。

5. 门店促销的主要形式有哪些?

(1)大型节假日促销。如元旦促销、春节促销、元宵节促销、妇女节促销、端午节促销、建军节促销、中秋节促销、国庆节促销等。

(2)主题性促销。主题性促销是针对某一品类商品或事件而组织的专项性主题促销,如:卖场重要节日的庆典促销、新店开业促销、厂商联合促销、一般主题性节日促销、卖场主打产品主题性促销等。

(3)常规性促销。除了大型节假日促销和主题性促销以外,为了活跃现场气氛,围绕某一特定目的或市场变化开展的小规模促销,可称之为常规性促销,如:周末提升人气和销量的小型促销;针对竞争对手的应对性促销;针对库存的专项促销;新品促销;针对区域有重大活动或节日的借势性促销;等等。

6. 卖场促销的常用方法有哪些?

(1)有奖促销:通过设立奖项促进商品销售。

(2)游戏促销:设计体验游戏,顾客通过参与产生购买欲望。

(3)会员制促销:给会员一定的购买优惠来促进会员购买。

(4)试用促销:通过让消费者免费试用商品促进购买。

(5)换新促销:卖场新上商品的促销。

(6) 联合促销：与生产厂商联合举行的促销打折等活动。

(7) 赞助促销：由第三方赞助的促销活动。

(8) 融资促销：与金融融资结合的分期付款等促销形式。

(9) 积分促销：购买商品给予相应的积分，达到一定积分，享受一定优惠的促销形式。

(10) 降价促销：直接降低商品价格来促进销售。

 任务实施

小张和同学们通过实地采访和查找资料的方式开始了这次任务。

步骤 1：了解促销的方式

同学们从金先生的门店历年的促销活动中总结出了他们所用的促销方式，包括折价券、样品派送、附赠品、减价优惠、以旧换新、大拍卖大甩卖、竞赛、抽奖、酬谢包装、会员促销、组合促销、印花累计促销等。

> ? 想一想：你最常见到的促销方法是什么？

步骤 2：依据促销目的找到促销方法

经过分析，同学们找出了不同促销方式对应的促销目的：(1)提高知名度、扩大潜在消费群通常选择 POP 推广、竞赛、减价优惠、免费试用等方式。(2)提高人均购买的次数通常采用赠品、折价券、减价优惠、酬谢包装等方式。(3)增加人均购买量通常采用折价券、减价优惠、赠品、酬谢包装等方式。(4)保持固定的消费群通常采用酬谢包装、会员制、印花累计等方式。(5)鼓励消费者进行品种的转换和尝试通常采用样品派送、附赠赠品、以旧换新等方式。

步骤 3：选择宣传媒介

同学们经过调查，了解了目前商店促销常用的宣传媒介有：立地展示，悬挂式展示，壁面式展示，贴纸，店铺有声广告，电视、电台、报纸、杂志四大媒体广告，互联网广告，POP 广告。张经理告诉大家："衡量备选的媒介是否适合整体的促销策略，是选择媒介的重要环节，需要考虑的因素包括媒介的成本、媒介受众的特征、媒介策略与整体促销因素的配合、媒介的地域特征以及媒介的时间性等。"

小贴士

　　媒介组合的原则是有助于扩大广告中的受众总量，有助于广告进行适当的重复，有助于广告信息的互相补充，同时还应考虑到媒体周期性的配合和组合效益的最大化。

商品促销活动决策须考虑的市场因素

五一节将至,某商场将举办一次节日促销活动。那么,商场在制定促销方案时应考虑哪些因素呢?

1. 商圈的特征,包括商圈的人口结构、消费习性、经济能力、生活习性、人潮特质。商圈的知名度越高促销活动的效果会越好。

2. 促销时机,即促销的最佳时间,可以定在节日、庆典、时事热点期、同业活动时,促销持续时间的设计也很重要。

3. 竞争状况,要考虑同业商家的服务方式、价格、活动、客户、优势和劣势。

4. 业绩指标,需要完成的业绩指标。

5. 商品的内在价值。

 技能训练

背景资料:一五一拾日用精品店,地处繁华的市中心商业圈,"五一"节快到了,请你一起来参与"五一"的节日促销策划活动。

活动 1:

如果一五一拾日用精品店"五一"节日促销的目的是提高人均购买量,请你为店里的促销活动选择促销方式。

活动 2:

请分析并提出该店比较合适的宣传媒介。

知识练习

一、选择题(请将选出的答案填在括号内)

1. 门店促销的功能主要体现在沟通功能、销售功能、(　　)、竞争功能、协调功能。

A. 调节功能　　　　B. 激励功能　　　　C. 平衡功能　　　　D. 推广功能

2. 门店促销的主要形式有(　　)、主题性促销和常规性促销。

A. 大型节假日促销　B. 品牌促销　　　　C. 电视促销　　　　D. 随机促销

3. 通过让消费者免费试用商品促进购买属于(　　)。

A. 有奖促销　　　　B. 游戏促销　　　　C. 换新促销　　　　D. 试用促销

4. 选择促销方式的工作步骤有:了解促销方式、找到促销方法和(　　)。

A. 挑选促销人员　　B. 选择宣传媒介　　C. 确定促销价格　　D. 市场调查

5. 会员制促销应当( )。

A. 针对会员给予优惠　　B. 没有门槛　　C. 限制人数　　D. 经常开会

二、判断题(请在正确的表述后面用"T"表示,错误的表述后面用"F"表示)

1. 加强与供应商、媒体等的合作体现了促销的沟通功能。( )

2. 周年店庆的促销计划属于长期性促销计划。( )

3. 元旦促销属于大型节假日促销。( )

4. 与生产厂商联合举行的促销打折活动属于赞助促销。( )

5. 衡量备选的媒介是否适合整体的促销策略是选择媒介的重要环节。( )

2.3.2 制定促销方案

任务描述

在选定了促销方式之后,同学们与营销部的人员一起进入了新的环节——制定国庆节的促销方案。

作业流程图

确定促销活动的主题 ⟹ 制定促销方案 ⟹ 写出完整的促销方案

图 2-3-3　制定促销方案的作业流程图

知识窗

1. 什么是促销策划?

促销策划是对整个促销工作的谋划和设计,即广告、营业推广、公共关系、人员推销之间如何实现最佳配合。策划的目的是使门店形成整体促销合力,在有限的促销预算下达成最好的促销效果。

2. 促销策划方案的主要内容是什么?

促销策划方案既是整个促销活动的行动指南,又是促销工作人员的主要工作手册。一般而言,促销策划方案的主要内容如下:

(1) 促销活动背景。

说明门店的销售情况、销售战略以及门店所面临的内部和外部形势,基于什么现状要开展这个活动,为什么要开展这个活动。

（2）促销活动主题。

促销活动主题可以偏狭义，理解为促销活动广告语，使得受众加深对本次活动的印象。广告语的设置不能偏离门店以及促销活动本身。

（3）促销活动时间。

活动的时间不宜过长，否则会影响消费者的参与兴趣，并且不同的时期要配合不同的推广，可以使活动达到事半功倍的效果。

（4）活动地点。

即活动举办的地方。

（5）促销方式。

包括广告形式、营业推广活动、公共关系宣传、特别推介促销等。

（6）促销活动步骤。

促销活动的整个流程，可以把流程图画出来，注明每个流程的时间。包括前期准备、中期操作、后期延续。

（7）促销费用预算。

在有限的费用预算下，综合考虑各种因素，使促销的效果最好。

（8）意外防范。

针对可能出现的意外事件，事先做出人力、物力、财力等方面的防范措施。

（9）效果评估。

预测是否能达到预期的促销目标，对投入和产出进行分析，对活动进行总结。

任务实施

"大节大过、小节小过、无节造节"，节假日促销成为激烈商战中商家们普遍采用的利器，营销部墙上挂着今年的节日一览表，下面的工作就是由同学们与营销部成员一起来制定国庆节的促销活动方案。

想一想：为什么要有促销？

步骤 1：确定促销活动的主题

张经理告诉同学们："构思一个促销活动需要的是创意，用新、奇、特的活动方案来吸引顾客进店购买商品。"

步骤 2：制定促销方案

同学们与营销部人员一起进行了热烈的讨论，同学们拿出创意，营销部人员来审核创意是否可行，预测效果会如何，经过一下午的研究讨论，大家确定了这次促销活动的方案：

想一想：促销为什么还要有促销方案？

活动时间:9 月 30 日～10 月 7 日。

活动内容:国庆节活动期间,推出"礼品超市"购物计划,购买金额达到 2000 元以上的顾客,可一次或多次享受五重大礼。

步骤 3:写出完整的促销方案

活动时间:9 月 30 日～10 月 7 日。

活动内容:国庆节活动期间,推出"礼品超市"购物计划,购买金额达到 2000 元以上的顾客,可一次或多次享受五重大礼。

一重礼"以旧换新",即享受 200 元以下商品的以旧换新。

二重礼"自助礼品",即以优惠的价格购买单品或组合品,购满一定金额,即可选择赠不同的礼品,礼品包括六件套瓷碗、厨房用品、拉杆箱、紫沙锅、嵌入式浴霸等。

三重礼"买一赠一",即购买指定产品,赠送国庆最热门的电影情侣套票。

四重礼"店庆价单品",推出数十种特价单品,并赠送礼品。

五重礼"组合折扣",可自由选择两三件产品搭配组合,均可享受不同的优惠。

活动预算:25 万元。

活动预期:销售额同比增长 25%。

小贴士

(1) 参考案例一。

端午节,某店铺把卖场的堆头设计成龙舟的形状,龙舟上既可摆放××真空粽子,又可摆放宣传端午的物料,在现场营造出一个浓厚的端午节气氛。而赠送香包、开展端午文化大赛的民俗表演更增强了节日热闹的氛围,激发了众多消费者主动参与活动的兴趣。

分析:主题创意,烘托气氛。针对不同的节日,塑造不同的活动主题,吸引众多的顾客参与,营造现场气氛,实现节日销售。

(2) 参考案例二。

在传统节日"元宵节",超市开展了"汤圆代表我的心"智力闯关活动,这不仅增加了汤圆文化的外延,也通过活动表达出节日的内涵,特别是为家庭或情侣制造出了浪漫的气氛。

分析:文化营销,宣传品牌。通过充分挖掘和利用节日内涵,并与自身的经营理念和文化结合起来,吸引众多消费者,在给消费者带来艺术享受的同时增加了企业的经济效益。

(3) 参考案例三。

深圳"沃尔玛"首开先例地让顾客自己设计礼蓝,并挑选礼品,一经推出便受到了顾客的热烈欢迎,也促进了其他部门的销售。

分析:体验式营销,增强品牌亲和力。通过与顾客互动,让顾客体验产品的个性特征,以满足个性化服务的需求。

(4) 参考案例四。

某商场为××香菇鲜肉水饺做促销,在促销台上只标明价格和"售卖时间及数量有限,售完为止"的字样来吸引消费者。

分析:差异促销激发购买潜力。价格促销是节日促销中的惯用手段,价格促销的关键是要让顾客有价格差异的感觉,这样才能有购买的欲望。

刚开业的门店促销要考虑的因素

新店开业促销是所有促销活动中最重要的,因为它只有一次,而且它是与潜在顾客的第一次接触,顾客对商店的商品、价格和服务等的印象将会影响其日后是否会再度光临。一次成功的新店开业促销,开业当日的销售业绩可以达到平时的 5 倍左右。

开店促销的关键因素:

1. 何时开始进行促销活动。

新店开业时,多数店铺的名字都不为人所知,因此应尽早使众多的人知道店名和开店场所,以便顾客光临商店是很重要的。只有顾客光临,才能逐渐使顾客有意识地来采购,渐渐地,一部分顾客就会成为固定顾客。因此,店铺完成后再促销就太迟了,应该在决定开店地点后,马上就立上"××店×日开业"的广告牌,即使店名没有确定也要积极地宣传这里有新店铺即将开张。

2. 开店时的促销重点。

新店开业,怎样增加顾客的来店频率是一个重要的课题,其要点是利用反复、密集的促销活动,使其深入经营方针、商品和优质的服务中。当然,其前提是一定要使顾客知道新店的存在。为此,可以在以店为中心的 1 公里范围内的街角、交叉路口等地方竖立广告牌、张贴宣传海报等。店铺若位于国道等交通干线时,可采用汽车和电车的广告方式。

3. 有效的开店广告传播要点。

开店前,要有充分的时间来准备派发广告单。广告单中须加入适当的计划,附上店铺正面照片、详细地址、地图、电话以及停车场位置,同时还要注明开门、关门和休息的时间以及促销的主要商品和促销时间。另外,店铺开业时,还需积极利用店铺 POP、DM(信件广告)、购物袋、名片等宣传工具,以及必要的电视、广播、报刊广告,让尽可能多的顾客知道店铺的存在。

 技能训练

活动 1:

假如"圣诞节"快到了,请为一五一拾日用精品店(或你家附近的便利店)设计一个节日促销方案。

活动 2:

请观察或回忆你家附近各门店"圣诞节"期间都采用了哪些促销形式。

 知识练习

一、选择题(请将选出的答案填在括号内)

1. 促销策划是对整个促销工作的谋划和(　　)。

A. 评估　　　　　　B. 策划　　　　　　C. 设计　　　　　　D. 统一

2. 促销策划的目的是使门店形成整体促销（　　　）。

A．气势　　　　　　　B．气氛　　　　　　　C．合力　　　　　　　D．热力

3. 构思一个促销活动需要的是（　　　），用新、奇、特的活动方案来吸引顾客进店购买商品。

A．资金　　　　　　　B．创意　　　　　　　C．人力　　　　　　　D．物资

4. 促销方式包括广告形式、营业推广活动、公共关系宣传、（　　　）。

A．特别推介促销　　　B．制造气氛　　　　　C．增加人数　　　　　D．减少客源

5. 效果评估是指预测促销活动是否能达到预期的促销目标，对（　　　）进行分析，对活动进行总结。

A．投入和产出　　　　B．效率　　　　　　　C．人数　　　　　　　D．销售额

二、判断题（请在正确的表述后面用"T"表示，错误的表述后面用"F"表示）

1. 促销活动的主题可以广义些，不用太具体。（　　　）

2. 体验式营销能增强品牌的亲和力。（　　　）

3. 促销活动的时间应尽量长些，这样才能达到更好的效果。（　　　）

4. 只有顾客光临，才能逐渐使顾客有意识地来采购，渐渐地，一部分顾客就会成为固定顾客。（　　　）

5. 促销策划方案既是整个促销活动的行动指南，又是促销工作人员的主要工作手册。（　　　）

模块 2.3　促销管理

⚙ 综合技能实践

制定促销方案

一、实训内容

1. 参加一次门店的促销活动。
2. 运用本模块所学的内容,写出促销方案。

二、实训目标

通过本次任务的训练,学会制定促销方案。

三、实训过程

1. 明确任务。

将全班分成若干小组,每组 4～6 人,明确本次实训的任务——"制定促销方案"。

2. 制定计划。

通过小组讨论,制定工作步骤,确定相应的工作目标、工作内容、工作方法及人员分工,完成"小组工作计划书"。

小组工作计划书

工作内容	工作步骤	工作目标	工作方法	负责人	完成时间	验收人
确定促销主题						
制定促销方案						
写出促销方案						

3. 实施计划。

组织小组参加某门店的促销活动并填写"小组活动记录表"。

小组活动记录表

组别:　　　　　　　　　　　　　　　　　　活动时间:

门店名称		门店地址	
建立时间		目前规模	
活动的证明人		证明人所在单位	
证明人职务		证明人电话	
参加活动过程简述			
本次活动的感悟			
证明人对活动的评价			

4. 交流分享。

请各小组将活动的情况进行分析和总结，形成一份书面的报告，在班上进行交流汇报，并将最后的小组评分记入"小组活动汇报记录"中。

小组活动汇报记录

小组序号	分享内容	主讲人	评分

四、实训积分账户卡

教师组织填写"任务完成情况评价要素表"，对本次实训过程中学生的完成情况进行一个综合评估。

任务完成情况评价要素表

组别：　　　　　　　　　　　　　　　　　学生姓名：

序号	考核点	分值(100分)	得分	累计积分账户
	小组评价	共30分		
1	态度与纪律	5		
2	出勤情况	5		
3	参与调研时与人沟通的能力	6		
4	参与讨论的积极性	6		
5	团队合作表现	8		
	本人评价	共30分		
6	能选择正确的促销方式	15		
7	能制定完整的促销方案	15		
	教师评价	共40分		
8	促销知识的掌握	20		
9	促销技能的掌握	20		
本次实训分数小计				

模块 2.4 收银管理

试一试

请大家说出可以使用的支付工具有哪几种?

模块介绍

工作情景图

图 2-4-1 收银管理的工作情景图

学习目标

● 能按照财务管理的规定,规范地实施收银管理;能按照收银管理的相关规定,指导处理收银工作中的各类问题。

● 能说出财务管理关于收银的相关规定;能说出收银管理的具体内容;能列举收银工作中的常见问题;能说出收银工作中常见问题的处理方法。

收银工作是销售工作的最后一个环节,伴随着互联网的发展,新的支付方式不断地涌现,为了适应日新月异的变化,金先生的店里不仅有传统的收银方式,同时也引入了新的支付系统,这给收银管理提出了不少新的要求,同学们将同收银人员小刘一起学习收银管理的内容。

2.4.1　收银检查

任务描述

收银员是一个专业化的职业,收银员要清楚地了解自己职业的基本常识、特点及这个职业的环境,为实施收银规范化服务打好基础,做好准备。如何才能达到规范收银的要求?同学们同小刘一起去了解一下吧。

作业流程图

 ⇒ 检查营业前的作业规范 ⇒ 检查营业中的作业规范 ⇒ 检查营业结束后的作业规范

检查收银员的仪容仪表

图 2-4-2　收银检查的作业流程图

知识窗

收银员的主要工作职责有哪些?

(1) 正确、迅速地结账。

① 熟悉收银机的操作。

② 价格的登记、打印。

③ 熟悉促销商品的价格以及促销内容。

(2) 亲切待客。

① 熟悉收银员的应对用语、应对态度、应对方法等待客之道。

② 适宜的仪容仪表。

③ 永远保持笑容。

(3) 迅速服务。

① 为顾客提供咨询和礼仪服务。

图 2-4-3　收银工作

② 熟练、迅速、正确地装袋服务。

③ 能熟练地进行礼盒的包装。

④ 不犯收银员的服务禁忌,如:仪容不整、出言不逊等。

（4）能熟练进行收银员的基本作业。

① 站立工作,坚持唱收、唱付、唱找,准确、迅速地点收货款。

② 妥善保管好营业款,在上级规定时间内解款,确保货款安全。

③ 做好记账、报账、对账工作,及时治理悬账,做到账证、账账、账表、账物相符。

④ 经常检查并保养好收银设备。

⑤ 配合卖场的安全管理工作。

⑥ 如在工作中发现问题,应及时向店长或上级主管部门汇报。

任务实施

小刘带同学们来到收银处,告诉同学们:"收银工作开始前须检查自己的仪容仪表,此外,我们还要了解营业前、营业中和营业结束后的作业规范。"

步骤1:检查收银员仪容仪表是否规范

（1）整洁的制服。收银员的制服主要包括衣服、鞋袜、领结等,必须保持一致、整洁、不起皱。上岗时必须按规定在统一的位置上佩戴好工号牌。

（2）清爽的发型。收银员无论是长发还是短发都应梳理整齐。

（3）适度的妆容。女性收银员适度地施以淡妆可以让自己显得更有朝气,但切勿浓妆艳抹,造成与顾客的距离感。

想一想:收银员为什么要注重仪容仪表?

（4）干净的双手。若收银员的指甲藏污纳垢或者涂上过于鲜艳的指甲油,都会使顾客感觉不舒服,同时过长的指甲也会造成收银员工作上的不便。

步骤2:检查营业前的作业规范

（1）收银员穿着工装到店后(检查仪容、佩戴工号牌),将自带钱物另行保管,不得带私款进入收银区。

（2）进入收银区并整理,打扫收银台和责任区域。

（3）准备好收银必备物品,如:购物袋、电脑打印纸、手工账簿、笔、回形针、订书机、胶带、纸币等,并打开验钞机。

想一想:收银准备工作为什么必不可少?

（4）按顺序逐个打开 UPS 电源、收款机、打印机等,检查收银设备是否运转正常,检查收银机当前日期、时间是否正常,如有异常应报告公司信息部。

（5）现场财务人员将准备好的备用金交给收银员，收银员清点并签字确认。

（6）打开收银通道，正式开始收银工作。

步骤 3：检查营业中的作业规范

（1）输入待收商品的商品资料，如：编码、助记码、条形码等。

（2）核对商品记录（如：商品的品名、规范、产地、价格等）无误。

（3）核对顾客待购商品的数量（注意商品的包装单位）。

（4）确定待收金额，并礼貌地对顾客报出待收金额。

（5）收款（验钞操作）。

（6）结账，打印购物小票（收银钱箱自动打开）。

（7）如需找零则进行找零操作。

（8）完成现金操作必须马上关闭钱箱，否则无法进行下一步操作。

（9）包装商品（注意按商品特性进行分类包装）。

（10）微笑致谢顾客并完成本次的收银操作。

想一想：收银流程是不是每一步都不可少？

步骤 4：检查营业结束后的作业规范

1. 早班交接班。

（1）早班交班后，收银员在收银台展示"暂停收银"的作业指示牌。

（2）由当班监察员监督进行收银交班操作，收银人员不得查看当班交班单据，交班单据由监督人收取。

（3）收银员将收银钱箱里的营业款全部取出，放至小钱箱锁上并检查收银机钱箱内是否有余款。在整个过程中，收银员的存取工作要快速、稳定地进行，收银员不得在此过程中点计营业款数，收银员锁上钱箱保留锁匙，钱箱由监察员送往现场财务核款。

（4）收银员与现场财务人员当场清点当班营业款项，如有款项长短等问题，按公司财务规范中的长短款作业处理，所有款项（包括备用找零款）均须交回现场财务处。

（5）所有促销、优惠或会员兑换等礼券、兑换券、优惠券等必须按相关规定装订完整，交现场财务审核。有需要的作登记处理，同时要有当班负责人签字确认。

2. 晚班交接班。

（1）晚班交班结账时，应在所有顾客离开营业厅后进行。

（2）在当班负责人员监督下进行收银交班操作，收银人员不得查看当班交班单据，交班单据由监督人收取，同时暂存保险箱内，待次日交现场财务核对。

（3）收银员将收银钱箱里的营业款全部取出，放至小钱箱锁上，同时检查收银机钱箱内是否有余款，在监察人员的陪同下将营业款项锁至保险箱内。

（4）次日上早班应提早到营业厅进行款项核点的工作，上晚班则应在下午接班前进行款项的现场核点工作。

（5）所有促销、优惠或会员兑换等礼券、兑换券、优惠券等必须按相关规定装订完整，交现场财务审核。有需要的作登记处理，同时要有当班负责人签字确认。

想一想：早班交接与晚班交接有什么不同点？

小贴士

（1）顾客要求兑换金钱的原则。

① 若顾客是以纸钞兑换纸钞的话，收银员则应婉言拒绝。

② 若门店内设有公共电话或在店门口设有儿童游艺机，则可让顾客兑换小额硬币零钱，一般连锁企业都会规定兑换的最高限额。

③ 耐心地引导顾客到服务台进行钱币兑换。

（2）营业结束后收银机的管理。

营业结束后，收银员应将收银机里的所有现金（除门店规定放置的零用金外）、购物券、单据收回金库，放入门店指定的保险箱内，收银机的抽屉必须开启，直至明日营业开始。

（3）门店职工的购物管理。

① 门店职工不得在上班时间内购买本店的商品。

② 其他时间在本店购买的商品，如要带入店内，其购物发票上必须加签收银员的姓名，还须请店长加签姓名。

③ 本店职工调换商品应按连锁企业规定的换货手续进行。

（4）收银员对商品的管理。

① 凡是通过收银区的商品都要付款结账。

② 要有效控制商品的出入，避免厂商人员或店内职工擅自带出门店内的商品，造成损失。

③ 应熟悉商品价格，以便尽早发现错误的标价，特别是调价后，须特别注意调价商品的价格。

④ 当商品的标价低于正确价格时，应向顾客委婉解释，并应立即通知店内人员检查其他商品的标价是否正确。

任务拓展

成为一名合格的收银员，你还应当注意做好哪些

（1）忌带情绪上岗，上机前一定要调整好心情，要热情、微笑地服务。可面对镜子练习，切不可绷着脸、无精打采地面对顾客，甚至将不良情绪发泄到顾客身上。

（2）收银时，当顾客发现电脑价与标价不符时，首先要向顾客道歉，并及时通知相关人员马上查实处理，请顾客稍等，切忌对顾客说："不关我的事，你去找服务台。"

（3）如果顾客是用婴儿车推着孩子，忌太明显地弯着腰去检查车子，这样顾客会很反感，要很自然地去亲近孩子，迅速检查车内是否有商品，并说："你的宝宝好可爱呀！"这样做不但顾客不会觉得反感，反而会觉得很亲切。

（4）当顾客产生误解生气时，切忌为自己辩解，甚至指责顾客的不对，应对顾客微笑回复："非常抱歉，让您生气了。"要礼貌地向顾客解释，并迅速帮助顾客解决问题，如自己解决不了，要通知领班处理。

（5）切忌硬性促销商品。当顾客对营业员促销的商品不感兴趣而拒绝时，不要强求顾客购买，这样会让顾客很厌烦，影响顾客的情绪。

（6）当顾客买了散装大米或易碎商品，要求多套一个购物袋时，不要固执地坚持不给，切忌对顾客讲，公司规定不允许多拿或多浪费之类的话，要礼貌地对顾客说："请支持环保，此购物袋能够承受商品的重量。"当顾客强行索取时，要灵活处理，不可去顶撞顾客。

（7）零钱是困扰每位收银员的难题，我们要主动向顾客索要零钱，当顾客说没有时，我们要快速地结算，切忌还缠着顾客说："我都看到你有零钱。"（或许顾客要留着零钱坐车）

（8）当提货卡余额不足门店规定的额度时，按门店规定要回收卡，在结算时一定要提醒顾客一次性消费完，切忌在顾客不知情的情况下将卡收回再告之门店规定，这种行为很容易激怒顾客。

（9）自己台前没有顾客方可下机。

 技能训练

活动 1：

全班各位同学在家按收银员的要求做一次仪容仪表的准备，在第二天的"门店运营与管理"课堂上互相检查。

活动 2：

在实训中心的收银台前，一小组同学进行收银作业流程示范，另一小组检查其作业是否符合规范。

 知识练习

一、选择题（请将选出的答案填在括号内）

1. 以下不属于收银员主要工作职责的是（　　　）。
A. 正确、迅速地结账　　　　　　　　　B. 亲切待客
C. 迅速服务　　　　　　　　　　　　　D. 整理货品

2. 收银员应检查自己的仪容仪表，包括整洁的制服、清爽的发型、（　　　）、干净的双手。
A. 浓烈的妆容　　　B. 精致的首饰　　　C. 适度的妆容　　　D. 干净的领结

3. （　　　）不属于收银员营业中的作业规范。
A. 输入待收商品的商品资料　　　　　　B. 打扫收银区域
C. 核对商品记录　　　　　　　　　　　D. 确定待收金额

4. 收银员交接班时，由（　　　）监督进行收银交班操作。
A. 当班监察员　　　B. 现场财务　　　C. 销售经理　　　D. 门店店长

5. 交接班时，收银员应将收银钱箱里的营业款（　　　）。
A. 部分取出　　　B. 全部取出　　　C. 全部保留　　　D. 捆绑整理

二、判断题(请在正确的表述后面用"T"表示,错误的表述后面用"F"表示)

1. 收银员要熟悉促销商品的价格以及促销内容。(　　)

2. 收银员不必为顾客提供咨询和礼仪服务。(　　)

3. 收银员要妥善保管好营业款,在上级规定的时间内解款,确保货款安全。(　　)

4. 营业结束后收银机的抽屉必须开启,直至明日营业开始。(　　)

5. 收银员不要求站立工作,只要求坚持唱收、唱付、唱找,准确、迅速地点收货款。(　　)

2.4.2 收银问题处理

任务描述

　　小刘告诉同学们,一次金先生的店里出现了这样一幕:一位顾客拿了一件 10 元的商品来结账,当他付给收银员 100 元整钞并在收银员刚要打开钱箱时,说有零钱并将这张百元纸币拿了回去。经过一番寻找后,该顾客说:"不好意思,没有零钱,那你找吧。"然后就等收银员找零。收银员一大意,在没有收到钱款的同时,又"找零"了。遇到这样的情况,收银员应该如何做才是正确的呢?

作业流程图

　　发现问题并了解这一问题所带来的后果 ⇨ 解决问题

图 2-4-4　收银问题处理的作业流程图

知识窗

　　1. 银行卡的操作规范有哪些?

　　(1)银行卡的操作程序。

　　银行卡操作原则上应按照各个银行的规定、程序办理。银行卡操作的基本步骤如下:

　　① 结算:刷银行卡、输入交易金额、持卡人输入个人密码、打印"银联交易凭单"、顾客签名;营业员核对顾客签名与卡背面的签名是否一致。

　　② 结账:每天营业结束后,门店财务(或代班)打印出"银联结算总计单",如有各种原

因导致结账未成功的,应重做直到成功为止。如确实不能打印成功,应向门店财务反映,门店财务在第二天营业前安排重新打印。

③ 取消交易:因交易金额出现差错或顾客当日(当班)退货等情况出现,营业员在终端上取消该笔交易,但已做完结账的交易不能取消。

(2) 非正常卡的处理。

① 舞弊卡(假卡):拒收此卡。

② 过期卡:拒收此卡。

③ 余额不足:拒收此卡。

④ 挂失卡:与银行联系后,按银行要求处理。

(3) 进账、重复进账、退货的处理:由营业员通知财务人员,财务人员确认多进账、重复进账、退货属实时,由财务人员按照银行退款要求填制"银联客户调账表(POS)",报当地财务主管复核(确认款项已到公司账户上),经当地财务部门负责人审批后,盖章确认,交财务人员到银行办理转账退款手续。

(4) 银联交易凭单交接:每天营业结束后,营业员做完银行卡结账后应将结账金额与银联交易凭单明细金额进行核对,核对无误后装订,与现金一并交门店会计(或代班)签收。

(5) 外汇卡:

① 外汇卡的种类。

目前国际上通行的外汇卡种类有 VISA、MASTERCARD(万事达卡)、AMERICAN EXPRESS(运通卡)、DINNERS CLUB(大来卡)和 JCB 卡。

② 外汇卡的特征。

由于发卡行的不同,各外汇卡也各有其特征,现将其共同特征总结如下:

a. 卡面为全英文。

b. 卡面上有卡号、持卡人姓名、有效期限、防伪标识、发卡公司的标识(VISA、MASTERCARD 等)、特殊凸印(V、MC、J 等)信息。

以上只是外汇卡的一些基本特征,收银员收到具体的外汇卡时还需要仔细鉴别。

2. 专柜收银的操作规范有哪些?

店中店/专柜的收银按如下规范操作:

① 当顾客决定购买时,专柜当班员工根据顾客需求仔细填写所在门店指定的收银票据(一式三联或二联),内容包括:编码、品名、规格、数量、金额,将填写好的票据给顾客到指定的收银处交款。

② 顾客交款后,将收银处盖有现金收讫章的两联单据交柜组员工,柜员核对后,将包装好的商品及收银凭据(顾客联)交给顾客。"自留联"妥善保管,分班汇总装订。

③ 正式含税发票由对方收银员开具。

④ 每班必须根据收银票据的内容填入销售统计表中,如查询无以往的销售数据,则在分类表中追查此品种的销售数据。每周营业结束后,由专柜柜长作本周销售数据和金额的统计、整理,确认与本周营业额无误后于每周一将上周的"统计表"送到公司财务部,审核后送信息中心录入并作销售数据汇总。

任务实施

说到收银问题处理,同学们都开始担心起来,小刘笑着对同学们说:"只要我们了解收银时会出现的主要问题并有效的预防,其实并不用太担心。"

步骤1:影响收银的主要问题以及不解决这一问题所带来的后果

问题1:收银员前期准备工作不足(如:海报笔没墨水了、信息小票用完了等)。导致结果:现场宣传和销售受影响。

问题2:顾客排队时间长。导致结果:收银区域拥挤,顾客抱怨。

问题3:收银人员对促销活动不了解,不清楚有关抵用金的使用规范和折让商品的操作规范。导致结果:不能准确收银,降低收银效率,造成顾客大量排队。

问题4:收银员零钱不够。导致结果:收银工作不能顺利完成。

问题5:发现假钞,或无法判断钞币的真假。导致结果:收银工作不能顺利完成。

问题6:收进假币。导致结果:给公司财产造成损失。

问题7:顾客信用卡刷不出。导致结果:影响顾客付款。

> **想一想:除了以上所列问题,还有什么原因可能会影响收银?**

步骤2:学习正确解决这些问题的方法

问题1的解决途径:销售用品预先发放,由柜长统一保管;部分低值易耗品,柜组自行组织购买,费用自理(如:胶水等)。

问题2的解决途径:强化对收银员工作流程的培训,提高工作效率;多增加收银机和收银人员;由保安人员做好人员疏导工作。

问题3的解决途径:制定促销活动操作规范,强化收银人员培训;销售人员在备注栏中标明促销信息。

问题4的解决途径:财务主管事先备足零钱,给每个收银员做好零钱发放工作;收银员在收款时,可提醒顾客付零钱,增强零钱的使用效率;不同收银员之间紧急调换;以柜组为单位动员门店员工紧急增援,做好登记,营业后归还。

问题5的解决途径:请顾客换一张;报请财务主管处理。

问题6的解决途径:当事人赔偿;在确认该收银员无错的情况下,由门店经理通过调控做一些经济补偿。

问题7的解决途径:检查POS机是否有问题;指点顾客到附近的银行提款;大额的销售可以由门店人员陪同顾客前往,来回车费可报销或折让价格。

> **想一想:为什么要正确掌握解决收银问题的方法?**

小贴士

收银作业管理的重点：

(1) 收银员的作业纪律。

① 在营业时身上不可带有现金。

② 在进行收银作业时，不可擅离收银台。

③ 使用规范的服务用语。

④ 不为自己的亲朋好友结算收款。

⑤ 在收银台上，不放置任何的私人物品。

⑥ 不任意打开收银机抽屉查看数字和清点现金。

⑦ 不启用收银通道时，必须用链条拦住。

⑧ 在营业期间不可看报与谈笑。

⑨ 熟悉门店的商品和特色服务内容。

(2) 收银员离开收银台的作业管理。

① 离开收银台时，将"暂停收款"牌摆放在收银台上且是顾客容易看到的地方。

② 用链条将收银通道拦住。

③ 将现金全部锁入收银机的抽屉里，同时将收银机上的钥匙转至锁定的位置，钥匙必须随身带走或交店长保管。

④ 将离开收银台的原因和回来的时间告知临近的收银员。

⑤ 离开收银机前，如还有顾客等候结算，不可立即离开，应以礼貌的态度请后来的顾客到其他的收银台结账，并为正在等候的顾客结账后方可离开。

 **任务拓展**

如何正确处理金融 IC 卡遇到的问题

1. 接触式 IC 卡交易时，何时才能拔卡？

一定要等单据打印后才可以拔出卡片，提前拔出会导致交易失败。

2. 电子现金余额明明大于消费金额，为何交易时显示余额不足？

部分厂商对终端程序做了个性化调整，限定电子现金余额必须大于交易金额 2 倍时，才能完成交易，不符合终端程序要求可督导厂商更新程序，取消这个限制。

3. 闪卡处理。

一般情况下，发卡行会帮发生闪卡的持卡人做记录，并在一个月之后将闪卡金额补给持卡人。（不同发卡行关于闪卡的处理方式也存在差异）

技能训练

活动 1：

请你来找一找，以下情景中，收银员犯了什么错误？

一位顾客买了很多商品，结账时，他先点了一遍现金，然后交给收银员，收银员也点了一遍且在辨别了真伪后，该顾客又要求自己再点一遍。当他再次清点时，乘收银员不注意，迅速换了一张假钞进来，而后装作很不好意思的样子说对的。当收银员再次收到这笔钱款时，误以为没问题，刚刚才点过无须再复点，便将这笔有问题的钱款大意地收下了。

活动 2：

如果你是收银主管，你该如何处理以下这个投诉。

顾客张某和妻子到某超市购物。刚刚搬新居，家里很多东西需要添置，××超市刚开业不久，而且有很多特价商品，所以他们赶了过来。到二楼买了满满一车日常家居用品(洗发水、沐浴露、香皂等)，还买了一些办公用品，然后到一楼又买了一些副食品、调味品。到收银台结账时，整整花了 1002.70 元，张某递给收银员 11 张面值 100 元的钞票。收银员埋头递给张某找零的零钱并将清单交给他，接着接待下一位顾客。张某直接把零钱装入口袋和妻子走出了大门，最后将商品装上车。上车前在妻子的提醒下，张某把零钱拿出来一数，只有 47.30 元。他交待妻子上车，回头找到这位收银员，收银员赶紧解释："我找给您钱，97.30 元，您再仔细找找，是不是掉了？"张某回答："我怎么可能掉了呢？我刚从这里出门，根本没有去任何地方，再说我也一路找过了。"收银员强调："钱款必须当面清点，一出柜台我就无法负责。"张某表示不满："你当时根本就没抬头看，也没告诉我找了多少钱。"双方引起争执，这位顾客后来找到收银主管投诉。

 知识练习

一、选择题(请将选出的答案填在括号内)

1. 收银员前期准备工作不足(如：海报笔没墨水了、信息小票用完了等)，会导致(　　)。

　A. 收银机受损　　　　　　　　　　　　B. 门店无法营业

　C. 现场宣传和销售受影响　　　　　　　D. 所有收银业务受影响

2. 顾客排队时间长，会导致(　　)。

　A. 收银区域拥挤，顾客抱怨　　　　　　B. 顾客更有序地排队

　C. 门店无法营业　　　　　　　　　　　D. 现场宣传受影响

3. 收银人员对促销活动不了解，会导致(　　)。

　A. 不能收银　　　　　　　　　　　　　B. 不能现场宣传

　C. 降低收银效率　　　　　　　　　　　D. 影响甚微

4. 收进假币的解决途径可以是收银员赔偿；如果确认该收银员无错，可由(　　)通过调控做一些经济补偿。

　A. 财务处　　　　　　B. 顾客　　　　　　C. 银行　　　　　　D. 门店经理

5. 顾客信用卡刷不出时可以（　　　）或指点顾客到附近的银行提款。

A. 不收银　　　　　　　　　　　　B. 不卖商品

C. 检查 POS 是否有问题　　　　　　D. 指责顾客

二、判断题（请在正确的表述后面用"T"表示，错误的表述后面用"F"表示）

1. 收银员在进行银行卡结算时，顾客在交易凭单签名后还须核对其签名与卡背面的签名是否一致。（　　　）

2. 收银员的工作仅是收银，对门店的促销活动不必了解。（　　　）

3. 收银处的销售用品在使用完后才能再次领取。（　　　）

4. 收银员在收银时，如有事要离开，只要告知临近的收银员即可。（　　　）

5. 收银员收银时若无法判断钞币真伪，应请顾客更换一张或报请财务主管处理。（　　　）

模块 2.4 收银管理

⚙ 综合技能实践

收银实践

一、 实训内容

1. 联系一家门店做一天的收银员。

2. 运用本模块所学的内容完成收银工作并写出工作体会。

二、 实训目标

通过本次任务的训练,学会收银工作。

三、 实训过程

1. 明确任务。

将全班分成若干小组,每组 4～6 人,明确本次实训的任务——"收银实践"。

2. 制定计划。

通过小组讨论,制定工作步骤,确定相应的工作目标、工作内容、工作方法及人员分工,完成"小组工作计划书"。

小组工作计划书

工作内容	工作步骤	工作目标	工作方法	负责人	完成时间	验收人
安排实践顺序						
轮流实践						
写出收银员的工作要点						

3. 实施计划。

组织小组参加某门店的收银工作并填写"小组活动记录表"。

小组活动记录表

组别:　　　　　　　　　　　　　　　　　　活动时间:

门店名称		门店地址	
建立时间		目前规模	
活动的证明人		证明人所在单位	
证明人职务		证明人电话	
参加活动过程简述			
本次活动的感悟			
证明人对活动的评价			

4. 交流分享。

各小组将活动的情况进行了分析和总结，形成一份书面的报告，在班上进行交流汇报，并将最后的小组评分记入"小组活动汇报记录"中。

小组活动汇报记录

小组序号	分享内容	主讲人	评分

四、实训积分账户卡

教师组织填写"任务完成情况评价要素表"，对本次实训过程中学生的完成情况进行一个综合评估。

任务完成情况评价要素表

组别：　　　　　　　　　　　　　　　　学生姓名：

序号	考核点	分值(100 分)	得分	累计积分账户
	小组评价	**共30 分**		
1	态度与纪律	5		
2	出勤情况	5		
3	参与调研时与人沟通的能力	6		
4	参与讨论的积极性	6		
5	团队合作表现	8		
	本人评价	**共30 分**		
6	掌握收银的检查要点	15		
7	知道收银的规范	15		
	教师评价	**共40 分**		
8	收银管理知识的掌握	20		
9	收银管理技能的掌握	20		
	本次实训分数小计			

人们都说"顾客是上帝"，有了顾客商店就有了生机，顾客为商店带来了利润，商店想方设法留住顾客，争取回头客。金先生经商十几年，对客户可一点也不马虎，为了搞好客户管理，他特意安装客户管理的软件，建立客户服务中心，帮助商店管理客户资料。

同学们来到金先生的客户管理中心，看着墙面上清晰、细致的客户管理工作流程，真想马上进入客户管理的学习中。金先生笑呵呵地对大家说："同学们不要急，客户管理有四方面内容，即客户的满意度管理、客户的忠诚度管理、客户的投诉管理、客户的信息管理，同学们需要对每一个部分都学习才能掌握客户管理的完整技能。"金先生叫来了客户管理部的何经理，并向同学们介绍说："这可是我们店最资深的客户服务经理，她可是客户管理方面的行家，这段时间你们就跟她一起学习如何做好客户管理吧。"

同学们听完介绍，看着眼前年龄比自己大不了几岁，工作起来却非常老练的何经理不由地心生敬意，暗自下决心要学好客户管理。

1 客户满意度管理　　（　　　　　）
　　　　　　　　　　（　　　　　）

2 客户忠诚度管理　　（　　　　　）
　　　　　　　　　　（　　　　　）

客户管理

3 客户投诉管理　　　（　　　　　）
　　　　　　　　　　（　　　　　）

4 客户信息管理　　　（　　　　　）
　　　　　　　　　　（　　　　　）

请在学完本项目后，完成以上思维导图中的填空。

模块 3.1　客户满意度管理

请每小组选出一位同学，面向全班同学演示礼仪动作（导购、收银、客服三选一），全班同学对这几位同学的表演打分，看谁做得好。

模块介绍

工作情景图

图 3-1-1　客户满意度管理的工作情景图

学习目标

- 能说出客户满意度的内涵，会进行客户满意度调查。
- 能掌握提升客户满意度的方法，会根据实际情况提升客户满意度。

客户管理是金先生这两年非常重视的工作内容，随着商业竞争加剧，只有能为客户提供最好的服务的企业才能最终赢得客户，金先生专门成立了客户管理部，调查、了解客户的满意度。这个月客户管理部要做一项客户满意度调查，何经理知道了同学们要学习客户管理，于是希望让同学们加入这次的调研队伍，这与同学们学习客户管理的想法不谋而合，于是在客户管理部何经理的带领下，客户满意度调查活动开始了。

3.1.1　调查客户满意度

任务描述

　　最近一段时间，金先生发现店里的顾客比去年同期少了不少，市场运营部反映在对面街道2公里外有一家新开的小超市，刚开张采取了一系列的优惠措施，吸引了一些顾客。金先生的"爱家"超市虽然也是促销活动不断，但多少也受到些冲击。经市场运营部讨论，决定进行一次客户满意度调查，了解客户对"爱家"超市的态度。

作业流程图

图 3-1-2　调查客户满意度的作业流程图

　　1. 客户满意的概念是什么？

　　满意是对需求是否满足的界定尺度。当客户需求被满足时，客户便体验到一种积极的情绪反映，这称为满意，否则即体验到一种消极的情绪反映，这称为不满意。从营销角度看，客户满意是客户对产品和服务增值部分的认同。它是一种心理状态，是一种自我体验，也是客户在消费后感受到满足的一种心理体验。

　　比如，海尔集团注重客户满意，用"星级服务"的形式，不断向用户提供产品之外的满足，例如快速便捷安装、及时售后回访、修理服务热情周到等，为海尔赢得了越来越多的新客户。

2. 客户满意包括哪些方面?

客户满意包括产品满意、服务满意和社会满意三个方面。

（1）产品满意是指企业产品带给客户的满足状态,包括客户对产品的内在质量、价格、设计、包装、时效等方面的满意。产品的质量满意是构成客户满意的基础因素。

（2）服务满意是指产品售前、售中、售后以及产品生命周期的不同阶段采取的服务措施带给客户的满意状态,它的核心是在服务过程的每一个环节上能设身处地为客户着想,做到有利于客户、方便客户。

（3）社会满意是指客户在对企业产品和服务的消费过程中所体验到的对社会利益的维护,主要指客户整体社会满意,它要求企业的经营活动要有利于社会,如:安全、环保等。

 任务实施

何经理带同学们来到客户管理部门,认识客户满意度调查工具。

步骤 1:确定客户满意度调查的内容

何经理告诉同学们:"开展客户满意度调查首先需要识别客户和客户的需求结构,明确开展客户满意度调查的内容。"

客户满意度调查的内容应当包括企业服务的质量、消费者的服务需求、销售和售后服务需求三个方面。此外,调研人员常常用七项指标来衡量客户的满意度,包括:产品的美誉度、顾客对品牌的认知度、客户消费回头率、单次交易的购买额、对价格变化的敏感度、消费后的投诉率、向他人的推荐率。

想一想:除了这七项指标,你还见过其他衡量客户满意度的指标吗?

步骤 2:设置客户满意度程度指标

客户满意度调查是为了了解客户对产品、服务或企业的态度,即满足状态等级,人们在操作时常常分很满意、满意、较满意、一般、不太满意、不满意和很不满意这七级,相应赋值为7、6、5、4、3、2、1。很满意表明产品或服务完全满足甚至超出客户期望,客户非常激动和满足;满意表明产品或服务在各方面均基本满足客户期望,客户称心愉快;较满意表明产品或服务在许多方面满足客户期望,客户有好感;一般表明产品或服务符合客户最低的期望,客户无明显的不良情绪;不太满意表明产品或服务未满足客户的主要期望,客户抱怨、遗憾;不满意表明产品或服务在一些方面存在缺陷,客户气愤、烦恼;很不满意表明产品或服务有重大的缺陷,客户愤慨、恼怒。

想一想:为什么要将客户满意程度的七个等级赋值?

各项客户满意度指标得分结果的计算公式为:得分=权重×评分值。

步骤 3:选择客户满意度调查的方法

客户满意度调查采用的方法有以下几种:

(1)问卷调查。这是一种最常用且适用广泛的客户满意度的收集方式。问卷中包含很多问题,需要被调查者根据预设的表格选择该问题的相应答案,客户从自身利益出发来评估企业的服务质量、客户服务工作水平和客户满意水平。同时也允许被调查者以开放的方式回答问题,从而能够更详细地掌握他们的想法。

顾客满意度调查问卷

您好!我们正在进行顾客满意度测评,目的是了解您对我们的商品和服务水平的满意程度,以便我们更好地为您服务。

请您根据个人的感受和体验,以文字或"√"的形式,如实回答下列问题。

一、基本情况

1. 最近您是否光顾过本商场?　□是　□否

2. 您光顾本商场的次数一般为:

　□初次　□偶尔　□一周一次　□一月一次　□不确定

3. 您光顾本商场的时间是:□平时上午　□平时下午　□平时晚上　□双休日或节假日

4. 您光顾本商场的主要目的是:□购物　□闲逛　□其他

5. 您通常在本商场购买哪些商品?(可多选)

　□日用百货　□食品副食　□化妆洗涤　□床用家居

　□鞋帽箱包　□家电电讯　□通讯电脑　□其他 ＿＿＿＿＿＿

二、评价内容

请您对最近本商场的服务质量进行评价:

1. 商品。	很满意	满意	较满意	一般	较不满意	不满意	很不满意
(1) 各类商品的品牌组合	□	□	□	□	□	□	□
(2) 商品价签内容明晰程度	□	□	□	□	□	□	□
(3) 商品促销活动	□	□	□	□	□	□	□
(4) 商品品种更新频率	□	□	□	□	□	□	□
(5) 商品款式、造型、外观等	□	□	□	□	□	□	□
(6) 商品质量	□	□	□	□	□	□	□
(7) 商品摆设(货架安排、商品样品摆放)	□	□	□	□	□	□	□
(8) 您对本商场商品的总体评价	□	□	□	□	□	□	□

2. 购物环境。

	很满意	满意	较满意	一般	较不满意	不满意	很不满意
(1) 店内整体温度、气味、音乐	☐	☐	☐	☐	☐	☐	☐
(2) 店内整洁度、通道畅通度	☐	☐	☐	☐	☐	☐	☐
(3) 区域照明	☐	☐	☐	☐	☐	☐	☐
(4) 导购标识明晰	☐	☐	☐	☐	☐	☐	☐
(5) 休息区设置便利、座椅舒适程度	☐	☐	☐	☐	☐	☐	☐
(6) 便民设施(报刊、饮水机等)	☐	☐	☐	☐	☐	☐	☐
(7) 洗手间设施环境	☐	☐	☐	☐	☐	☐	☐
(8) 您对本商场的购物环境总体评价	☐	☐	☐	☐	☐	☐	☐

3. 服务质量

	很满意	满意	较满意	一般	较不满意	不满意	很不满意
(1) 营业员态度亲切	☐	☐	☐	☐	☐	☐	☐
(2) 营业员礼貌用语	☐	☐	☐	☐	☐	☐	☐
(3) 营业员主动服务意识	☐	☐	☐	☐	☐	☐	☐
(4) 营业员熟悉商品程度	☐	☐	☐	☐	☐	☐	☐
(5) 营业员熟悉楼层品类、设施分布	☐	☐	☐	☐	☐	☐	☐
(6) 收银员服务态度、操作的熟练程度	☐	☐	☐	☐	☐	☐	☐
(7) 服务人员仪容仪表	☐	☐	☐	☐	☐	☐	☐
(8) 服务人员服务态度	☐	☐	☐	☐	☐	☐	☐
(9) 商场售后服务	☐	☐	☐	☐	☐	☐	☐

(10) 您是否进行过投诉　　☐是　　☐否

	很满意	满意	较满意	一般	较不满意	不满意	很不满意
如有,您对投诉处理结果:	☐	☐	☐	☐	☐	☐	☐
(11) 您对本商场服务质量总体评价	☐	☐	☐	☐	☐	☐	☐

三、综合情况

1. 您对本商场的总体评价：
☐很满意　☐满意　☐较满意　☐一般　☐较不满意　☐不满意　☐很不满意

2. 根据您的生活需求和以往的消费经验,您希望本商场商品质量和服务可以达到的水平：
☐很高　☐高　☐较高　☐一般　☐较低　☐低　☐很低

3. 根据本商场的硬件条件和软件条件的现状,您认为本商场可以达到的商品质量和服务水平：
☐很高　☐高　☐较高　☐一般　☐较低　☐低　☐很低

4. 请您对本商场：(1)商品质量　(2)购物环境　(3)服务质量
进行重要性排序(请填写数字编号)_____＞_____＞_____

（2）二手资料收集。这是一种通过网络或调查公司获得资料的方式,虽然在资料的详细程度和资料的有用程度方面可能存在缺陷,但是它可以作为门店深度调查前的一种重要的参考。特别是进行问卷设计的时候,二手资料能为我们提供行业的大致轮廓,有助于设计人员对调查问题的把握。当调查的内容在网络、调查公司调查能更有准确性和全面性的时候,可以选用二手资料收集的方式。

（3）访谈研究。这是一种由一名经企业训练过的访谈员引导 8~12 人(客户)对某一主题或观念进行深入的讨论的方式。焦点访谈通常避免采用直截了当的问题,而是以间接的提问激发与会者自发的讨论,可以激发与会者的灵感,让其在一个"感觉安全"的环境下畅所欲言,从中发现并找到所需要的信息。对客户满意度影响较大且集中的问题可以采用这样的方式进行调查。

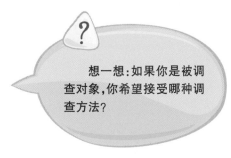

想一想:如果你是被调查对象,你希望接受哪种调查方法?

步骤 4:实施客户满意度调查

客户满意度的实施一般是由客户管理部门或运营部门总体负责,需要组成专门的调查小组,列出调查计划安排,依据计划实施客户满意度调查。

步骤 5:调查结果分析

调查小组在完成调查工作后,需要对调查的数据进行分析,找到影响客户满意度的主要原因,为下一步改进客户满意度提供参考。

可以从以下四个方面对影响客户满意度的原因进行归纳:

（1）客户感受价值的高低。客户对产品或服务的感受价值高低直接影响客户对产品或服务的满意度。如果客户感受价值高于他的期望值,他就倾向于满意,差额越大越满意;反之,如果客户感受的价值低于他的期望值,他就倾向于不满意,差额越大就越不满意。

（2）客户的情感。客户的情感同样影响其对产品和服务的满意感知。这些情感可能是稳定的、事先存在的,如:情绪状态和对生活的态度等。非常愉快的时候、健康的身心和积极的思考方式,都会对所体验的服务感觉有正面影响。反之,当客户正处在一种恶劣的情绪当中,消沉的情感将把他带入对服务的反应,并导致他对任何小小的问题都不放过或感觉失望。

（3）客户对问题的归因。当客户得到的是一种出乎意料的结果,他们总是试图寻找原因,而他们对原因的评定能够影响其满意度。例如,一辆车虽然修复,但是没有能在客户期望的时间内修好,客户认为的原因有时和实际的原因是不一致的,但是它将会影响到他的满意度。如果客户认为原因是维修站没有尽力,因为这笔生意赚钱不多,那么他就会不满意甚至很不满意;如果客户认为原因是自己没有将车况描述清楚,而且新车配件确实紧张的话,他的不满程度就会轻一些,甚至认为维修站是完全可以被原谅的。相反,当客户得到了一次比他本人想象的要好的服务,如果这时客户将原因归为"维修站的分内事"或"现在的服务质量普遍提高了",那么这项好服务并不会对提升这位客户的满意度有什么贡献;如果客户将原因归为"他们因为特别重视我才这样做的"或是"这个品牌是因为特别讲究与客户的感情才这样做的",那么这项好服务将大大提升客户对维修站的满意度,并进而将这种高度满意扩张到对品牌的信任。

（4）对平等或公正的感知。客户的满意还会受到对平等或公正的感知的影响。客户会问自己:我与其他的客户相比是不是被平等对待了? 别的客户得到比我更好的待遇、更合理的价格、更优质的服务了吗? 我为这项服务或产品花的钱合理吗? 以我所花费的金钱和精力,我所得到的比人家多还是少? 公正的感觉是客户对产品和服务满意感知的中心。

小贴士

　　美国著名推销员吉拉德提出:每一位客户身后,大约有 250 名亲朋好友,如果你赢得了一位客户的好感,就意味着赢得了 250 个人的好感;反之,如果你得罪了一名客户,也就意味着得罪了 250 名客户。在产品日益同质化,竞争日趋激烈的今天,企业经营时必须更加重视客户服务,这样才能提高市场竞争力。

杭州百货的消费者满意度调查分析

　　2007 年 9 月,联商网携手浙江公众信息调查网联合展开了"2007 杭州百货商场消费者满意度调查",调查范围为杭州市城区。本次调查采用电话调查的方式,调查样本 3007 人,回收有效样本 306 人。调查共设置 9 个问题,以回答全部问题为有效。以下为调查结果:

　　1. 有效样本的基本信息。

　　(1) 性别。

　　有效样本中,女性占 59%,男性占 41%。

　　(2) 年龄。

　　25 岁以下的人员占比 22%;25~30 岁的人员占比 26%;30~40 岁的人员占比 24%;40岁以上的人员占比 28%。

　　年龄分布相对比较均匀,属于杭州百货商场的主力消费年龄群。

　　(3) 职业。

　　本次调查以"学生、企业员工、机关干部、企业高管或老板、教师、其他"来区分参与调查者的职业范围和层次。从调查结果来看,其中企业员工占比 41%为最多;机关干部占比 11%;教师占比 8%;公司高管或老板占比 7%;学生占比 6%;其他占比 27%。

　　2. 调查的主要结果。

　　(1) 人气调查。

　　问题:您最常去的是哪一家百货商场?

　　该问题设置五个回答选项:杭州大厦、银泰百货、杭州百货大楼、杭州解百商厦、元华商城。

　　从调查结果来看,306 个有效样本中,有 133 人表示最经常去银泰百货购物,占比 43.5%,消费者光顾银泰百货的次数高于其他四家商场,符合目前杭州各大商场银泰百货人气最旺的现状。其余依次为杭州解百商厦、杭州大厦、杭州百货大楼、元华商城,如图 3-1-3 所示。

　　(2) 服务满意度调查。

　　问题:您对哪一家百货商场的服务最满意?

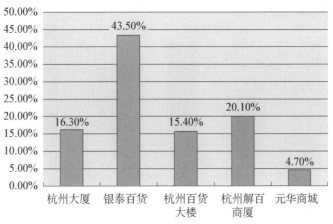

图 3-1-3　杭州五大商场人气调查

从调查结果来看,杭州大厦被认为是服务最令人满意的商场,占比 26.5％;其次是银泰百货,占比 23.5％;其余依次是杭州百货大楼、杭州解百商厦、元华商城。另外,有 57 人认为杭州各百货商场的服务都差不多,占比 18.6％,如图 3-1-4 所示。

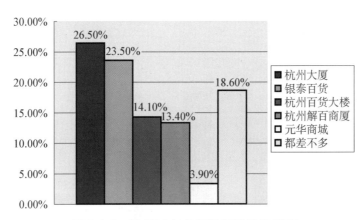

图 3-1-4　杭州五大商场服务满意度调查

总体而言,各商场的顾客满意度占比相差并不大,说明了各大商场的服务没有呈现很好的差异化,服务优势不明显。

（3）商场最需要改善的方面。

问题:您认为杭州百货商场在哪方面最需要提升和改善?

从调查结果来看,消费者认为杭州百货商场最需要改善的是商品质量和商品丰富程度,其余依次是顾客服务、交通便利性、购物环境,如图 3-1-5 所示。

从目前杭州各大百货商场的调整情况来看,商家把引进新品牌和知名品牌作为工作的重中之重,确实也是迎合了消费者对商品的丰富程度的需求。而顾客服务被认为是第二大需要改善的方面,也再次说明了各商场的服务没有呈现差异化,也没有让顾客感觉特别满意。至于各大商场的交通便利性,由于几大商场都集中在繁华商圈,交通过分拥挤,停车位无法满足目前需求等现状是商场亟需改善的一个重要方面。

（4）百货商场平均客单价。

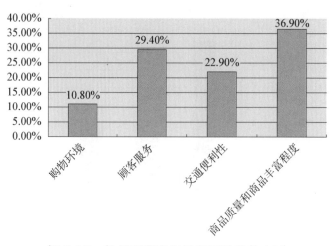

图 3-1-5 杭州百货商场最需要改善的方面

问题:您每次去百货商场的平均消费金额大概是多少?

从调查结果来看,每次平均消费金额为 300～800 元的人员最多,占比 48.4%;300 元以下的人员占比 16.7%;800～1500 元之间的人员占比 25.2%;1500 元以上的人员占比 9.7%,如图 3-1-6 所示。

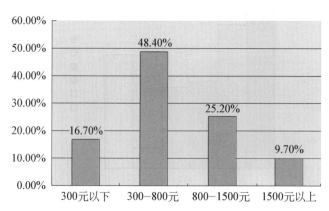

图 3-1-6 商场平均消费客单价

(5)最喜欢的促销方式。

问题:您最喜欢杭州百货商场的促销方式有哪几种?

杭州百货商场的满就送、满就减等促销手段一直比较盛行,促销竞争甚为激烈。但从调查结果来看,消费者更愿意接受商场直接打折的促销方式,这个比例高达 66.7%。而满就送跟满就减相比,消费者更倾向于满就减,这也是近段时间杭州百货商场采用的主要促销方式。而抽奖可能由于存在透明性问题,以及奖品价值最高金额的限制,对于消费者的诱惑力并不大,如图 3-1-7 所示。

(6)获得促销活动的途径。

问题:您一般是通过什么途径了解商场的促销活动?

从调查结果来看,报纸仍然是消费者获取促销活动信息的最主要途径,其余依次是网络、朋友亲戚告知、商场直接通知、广播电视,后四种途径比例相差不大,如图 3-1-8 所示。

图 3-1-7 消费者最喜欢的促销方式

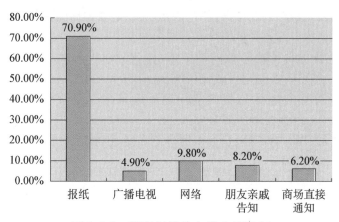

图 3-1-8 获取促销信息的主要途径

（资料来自联商网,撰文李燕君）

 技能训练

活动 1:

请为一五一拾日用精品店(或你家附近的百货商场)设计一份顾客满意度调查问卷。

活动 2:

以小组为单位实施调查活动,并进行调查结果分析。

 知识练习

一、选择题(请将选出的答案填在括号内)

1. 满意是对需求是否满足的( )。

A. 界定 B. 界定尺度 C. 尺度 D. 态度

2. 客户满意包括产品满意、服务满意和(　　)三个方面。

A. 促销满意　　　　　　　　　　　　B. 购物满意

C. 社会满意　　　　　　　　　　　　D. 质量满意

3. 产品的质量满意是构成客户满意的(　　)因素。

A. 基础　　　　　　B. 习惯　　　　　　C. 可能　　　　　　D. 总结

4. (　　)是一种最常用且适用广泛的客户满意度的收集方式。

A. 问卷调查　　　　　　　　　　　　B. 心理测试

C. 二手资料收集　　　　　　　　　　D. 访谈研究

5. (　　)是一种通过网络或调查公司获得资料的方式。

A. 问卷调查　　　　　　　　　　　　B. 心理测试

C. 二手资料收集　　　　　　　　　　D. 访谈研究

二、判断题(请在正确的表述后面用"T"表示,错误的表述后面用"F"表示)

1. 客户对产品或服务的感受价值高低直接影响客户对产品或服务的满意度。(　　)

2. 如果客户感受的价值高于他的期望值,他就倾向于不满意,差额越大就越不满意。(　　)

3. 对客户满意度影响较大且集中的问题可以采用二手资料收集的方式进行调查。(　　)

4. 客户满意度调查的内容应包括企业服务的质量、消费者的服务需求、销售和售后服务需求。(　　)

5. 从营销角度看,客户满意仅指对产品的满意。(　　)

3.1.2 提升客户满意度

任务描述

金先生的门店每年都会有一次以提升客户满意度为目标的活动,这次活动金先生特意让同学们也一起加入进来。

作业流程图

列举须改进的问题 ⇒ 讨论并制定提升方案 ⇒ 实施方案

图 3-1-9　提升客户满意度的作业流程图

通过客户满意度调研,一般要寻求哪些信息?

(1)客户满意。通过调查了解客户是否满意,满意的程度如何。

(2)与服务要求的符合性。在调查之后将调查结果与服务要求相比较,发现之间的差距,进而改进。

(3)过程和服务的特性及趋势。经过调查,分析客户购买过程和服务的特性及趋势,找到采取预防措施的机会。

(4)持续改进和提高产品或服务的过程与结果。提高客户在购买产品过程中以及购买完成的满意度。

(5)不断识别客户,分析客户需求变化情况。

 任务实施

步骤1:列举须改进的问题

将调查得出问题一一列举出来是制定方案的前提。在何经理的带领下,同学们先把通过调查总结出的问题都列举出来,主要有以下几点:

(1)有客户反映新开店的商品促销力度很大。

(2)有几种特色的商品在金先生的"爱家"超市没有。

(3)店里没有送货上门的服务,限制了老人的购买。

(4)商场内的布置变化不大,没有新店吸引人。

(5)商场内没有针对带小孩顾客的特别服务。

(6)针对上班白领的半成品加工食品品类不丰富。

(7)店员服务周到但不够灵活,影响了顾客购买效率。

(8)对于老顾客没有更实惠的价格。

(9)商场对环保问题不够重视,有随意丢垃圾的现象。

想一想:为什么需要将调查总结出的问题进行分类?

同学们把这九方面的问题归纳成三个方面:①对产品及销售方面的主要是第1、2、4、6、8条;②对服务方面的是第3、5、7条;③对社会方面的是第9条。

步骤2:讨论并制定提升方案

何经理和同学们经过讨论,制定了"爱家"超市客户满意度提升计划,具体内容如下:

(1)实施"顾客服务周计划":建立"最后一公里"送货制度,面向老人提供送货上门服务活动;商场内设置"幸福之家"服务区,每天有1名受过专业培训的店员来帮助带小孩的父母解决困难,方便其购物;为上班白领提供"白领时尚新生活计划"服务,结合线上购物建立O2O的半成品配送项目,方便上班一族。

想一想：客户满意度提升是不是仅针对门店营业员的岗位。

（2）结合即将到来的"圣诞节"实施三项活动：①新特商品促销节活动，新进一批节日新特商品满足顾客需求；②重新装饰店面，以新的面貌迎接顾客；③实施"老顾客"优惠周，针对会员顾客，给予本周所有商品再优惠 10％的福利。

（3）对店员进行培训，提高其客户服务的水平。

（4）开展环保竞赛活动，鼓励员工为店内环保献计献策。

步骤 3：实施方案

同学们与客户管理部制定的提升客户满意度的方案经门店经理会议研究通过，同学们在何经理的带领下投入提升客户满意度的活动实施中去了。

小贴士

企业在确定调查的对象时往往只找那些自己熟悉的老客户（忠诚客户），排斥那些可能对自己不满意的客户。如果客户较少，应该进行全体调查。但对于大多数企业来说，要进行客户的总体调查是非常困难的，也是不必要的，应该进行科学的随机抽样调查。在抽样方法的选择上，为保证样本具有一定的代表性，可以按照客户分类进行随机抽样。

任务拓展

"爱家"超市客户服务满意度提升方案

为了做到让顾客满意，用意识和行为服务好顾客，使顾客在理念、行为、视听、产品和服务上都能认同"爱家"，让顾客真正地感到满意。我们应该采取以下几方面的措施，全心全意为顾客服务。

（1）为顾客营造一个轻松、整洁、舒适、温馨的购物环境。购物是一种享受和体验，做好超市的商品卫生和商品陈列工作以及超市的环境卫生工作，保持顾客能有良好的购物环境和购物秩序是十分必要的，这样会让顾客有好的购物心情，使顾客来的方便、停的方便，给顾客留下好的购物印象。

（2）树立正确的服务意识及价值观念，一切以顾客为中心，实现彻底的顾客导向，从内心尊重顾客，因为顾客是我们的衣食父母，顾客永远是对的。超市生存要以服务为本，我们要优化服务，努力构建与顾客的和谐关系。

（3）执行好首问负责制，让顾客到超市购物有回家的感觉。

（4）适时了解顾客对服务质量和商品种类的需求并尽快制定出调整方案，满足顾客的要求。此外，每月的顾客需求调查和每月的顾客座谈会必须坚持。

（5）为顾客提供超值服务，提高服务质量，同时对顾客要用积极、主动、热情、真诚的最佳心态去服务，提供微笑服务，做到百听不厌、百问不烦。

（6）及时帮助在购物中遇到困难的顾客，处理好突发事件，保证顾客的人身和财产安全。

（7）严格执行服务规范，使用服务用语，做到来有迎声，问有答声，走有送声。

（8）对待所有的顾客一视同仁，尊重他们，无论男女老幼，无论贫穷富有，绝不能以貌取人。

（9）加强与顾客的沟通，注重技巧、方法、方式，与顾客成为朋友。

（10）为顾客提供丰富的商品，并且严把质量关，保证商品的质量，实现购物零风险，向顾客提供物美价廉的商品。

（11）每一位超市员工都要掌握自己管辖区域内的商品的有关知识，能随时解答顾客的疑问，更好地为顾客介绍并帮助顾客完成购物。

（12）做好售后服务，提供超出消费者预期的超值服务，设置意见本，及时汇总顾客的意见和投诉并做出迅速反应，一切以顾客满意为基本原则。

（13）避免与顾客发生正面冲突，做好公关处理，制定完善的危机处理预案。

技能训练

活动 1：

请根据上一任务中的调查结果，罗列超市须改进的问题。

活动 2：

分成若干小组，根据"活动 1"所罗列的问题，讨论并制定提升客户满意度的方案。

知识练习

一、选择题（请将选出的答案填在括号内）

1. 如果客户较少，应该进行（　　）调查。

A. 部分　　　　　　B. 全体　　　　　　C. 大部分　　　　　　D. 少部分

2. 在抽样方法的选择上，为保证样本具有一定的代表性，应按照客户的分类进行（　　）。

A. 指定抽样　　　　　　　　　　B. 全体抽样

C. 随机抽样　　　　　　　　　　D. 按一定规律抽样

3. （　　）不属于提升客户满意度的工作范畴。

A. 列举须改进的问题　　　　　　B. 讨论并制定提升方案

C. 实施方案　　　　　　　　　　D. 设计 POP 广告

二、判断题（请在正确的表述后面用"T"表示，错误的表述后面用"F"表示）

1. 企业应挑选自己熟悉的老客户进行调查。（　　）

2. 通过调查，是为了了解客户是否满意，满意的程度如何。（　　）

3. 经过调查，须分析客户购买过程和服务的特性及趋势，找出采取预防措施的机会。

（　　）

模块 3.1　客户满意度管理

⚙ 综合技能实践

设计客户满意度调查表

一、实训内容

1. 参加一次门店的客户满意度调查活动。

2. 运用本模块所学的内容，设计客户满意度调查表并对调查结果进行分析，制定提升客户满意度的方案。

二、实训目标

通过本次任务的训练，学会设计客户满意度调查表以及制定提升客户满意度的方案。

三、实训过程

1. 明确任务。

将全班分成若干小组，每组 4~6 人，明确本次实训的任务——"设计客户满意度调查表"。

2. 制定计划。

通过小组讨论，制定工作步骤，确定相应的工作目标、工作内容、工作方法及人员分工，完成"小组工作计划书"。

小组工作计划书

工作内容	工作步骤	工作目标	工作方法	负责人	完成时间	验收人
复习客户满意度的含义						
设计客户满意度调查表						
讨论如何提升客户满意度						

3. 实施计划。

组织小组参加某门店的客户满意度调研工作并填写"小组活动记录表"。

小组活动记录表

组别：　　　　　　　　　　　　　　　　　　　　活动时间：

门店名称		门店地址	
建立时间		目前规模	
活动的证明人		证明人所在单位	
证明人职务		证明人电话	
参加活动过程简述			
本次活动的感悟			
证明人对活动的评价			

4. 交流分享。

请各小组将活动的情况进行分析和总结，形成一份书面的报告，在班上进行交流汇报，并将最后的小组评分记入"小组活动汇报记录"中。

小组活动汇报记录

小组序号	分享内容	主讲人	评分

四、实训积分账户卡

教师组织填写"任务完成情况评价要素表"，对本次实训过程中学生的完成情况进行一个综合评估。

任务完成情况评价要素表

组别：　　　　　　　　　　　　　　　　　　　　学生姓名：

序号	考核点	分值（100 分）	得分	累计积分账户
	小组评价	共 30 分		
1	态度与纪律	5		
2	出勤情况	5		
3	参与调研时与人沟通的能力	6		
4	参与讨论的积极性	6		
5	团队合作表现	8		
	本人评价	共 30 分		
6	能合理设计客户满意度调查表	15		
7	能正确制定客户满意度提升的方案	15		
	教师评价	共 40 分		
8	客户满意度管理知识的掌握	20		
9	提升客户满意度技能的掌握	20		
	本次实训分数小计			

模块 3.2 客户忠诚度管理

当同学们和爸爸妈妈一起去商场购物时,爸爸妈妈是不是老带大家去同一家超市或购物中心? 尝试一下到没去过的超市或购物中心,说说自己的感受。

模块介绍

工作情景图

图 3-2-1　客户忠诚度管理

学习目标

- 能找出有效提高门店客户忠诚度的方法;能说出门店客户忠诚度的含义。
- 能列举门店客户忠诚度的测评方法。
- 能制定提升客户忠诚度的方案。

情景描述

同学们在店里实习的这段时间发现，来店中买东西的顾客许多都是熟脸，从店员热情招呼的语言中就能发现他们都是经常来店购物的老顾客。同学们在学校听老师说过，商店利润的主要部分来自于老顾客，因此，培养顾客的忠诚度是很重要的。于是，同学们向何经理提出了学习客户忠诚度管理的要求，在何经理的指导下同学们开始学起了客户的忠诚度管理工作。

3.2.1　测评客户忠诚度

任务描述

何经理带同学们来到了自己的办公室，打开自己的电脑指着上面的图表告诉大家："我们首先要学习、了解如何测评客户的忠诚度。"

作业流程图

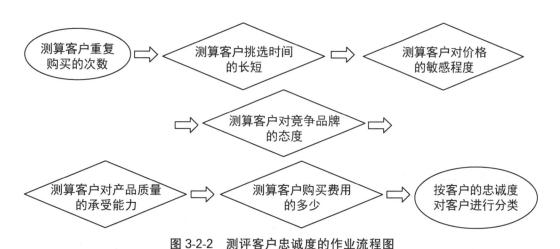

图 3-2-2　测评客户忠诚度的作业流程图

知识窗

1. 客户忠诚度的概念是什么？

客户忠诚度又可称为客户黏度，是指客户对某一特定产品或服务产生了好感，形成了"依附性"偏好，进而重复购买的一种趋向。

客户忠诚是指客户对企业的产品或服务的依恋或爱慕的感情,它主要通过客户的情感忠诚、行为忠诚和意识忠诚表现出来。其中情感忠诚表现为客户对企业的理念、行为和视觉形象的高度认同和满意;行为忠诚表现为客户再次消费时对企业的产品和服务的重复购买行为;意识忠诚则表现为客户做出的对企业的产品和服务的未来消费意向。

2. 客户忠诚度的类型有哪些?

(1) 无品牌忠诚者。

这一层消费者会不断更换品牌,对品牌没有认同,对价格非常敏感。哪个价格低就选哪个,许多消费者对低值易耗品、同质化行业和习惯性消费品都没有什么忠诚品牌。

(2) 习惯购买者。

这一层消费者忠于某一品牌或某几种品牌,有固定的消费习惯和偏好,购买时心中有数、目标明确。如果竞争者有明显的诱因(如:价格优惠、广告宣传、独特包装等),或通过销售促进等方式鼓励消费者试用,让其购买或续购某一产品,这类客户就会进行品牌转换购买其他品牌。

(3) 满意购买者。

这一层的消费者对原有消费者的品牌已经相当满意,而且已经产生了品牌转换风险忧虑,也就是说购买另一个新的品牌,会有风险(如:有效益的风险、适应上的风险等)。

(4) 情感购买者。

这一层的消费者对品牌已经有一种爱和情感,某些品牌是他们情感与心灵的依托,如一些消费者天天用中华牙膏、雕牌肥皂,一些小朋友天天喝娃哈哈奶,可口可乐改配方招致了游行大军等。

(5) 忠诚购买者。

这一层是品牌忠诚的最高境界,消费者不仅对品牌产生情感,甚至引以为傲。如欧米茄表、宝马车、劳斯莱斯车、梦特娇服装、鳄鱼服饰、耐克鞋的购买者都持有这种心态。

 任务实施

何经理指着电脑上的"爱家"门店客户忠诚度分类表问道:"同学们,你们知道这些数据是如何测评的吗?"

> **想一想:哪些指标能体现客户的忠诚度?**

步骤1:测算客户重复购买的次数

客户重复购买的次数是指在一定时期内,客户重复购买某种品牌产品的次数。

具体操作方法:门店通常会对会员客户的购物小票进行统计,测算出该客户重复购买的次数。

步骤2:测算客户挑选时间的长短

客户购买之前都要经过一个对产品的挑选过程,但由于依赖程度的差异,对不同品牌的挑选时间是不同的。

通常,客户挑选的时间越短,说明他对该品牌的忠诚度越高,反之,则说明他对该品牌的忠诚度越低。

具体操作方法:通过店员的人工观察或通过店内摄像设备的记录,测算客户购物挑选时间的长短。

步骤 3:测算客户对价格的敏感程度

客户对价格都是非常重视的,但这并不意味着客户对价格变动的敏感程度都相同。事实表明,对于喜爱和依赖的产品或者服务,客户对其价格变动的承受能力强,即敏感度低。而对于不喜爱和不信赖的产品或者服务,客户对其价格变动的承受能力弱,即敏感度高。

测量方法:可以通过价格微调后对顾客购物的影响来了解客户对价格的敏感程度。

步骤 4:测算客户对竞争品牌的态度

一般来说,对某种品牌忠诚度高的客户会自觉地排斥其他品牌的产品或服务。因此,如果客户对竞争品牌的产品或服务有兴趣并有好感,那么就表明他对本品牌的忠诚度较低,反之,则说明他对本品牌的忠诚度较高。

测量方法:可以通过观察选择商品的过程,了解顾客对竞争品牌的态度。

步骤 5:测算客户对产品质量的承受能力

任何服务或产品都有可能出现各种质量问题,即使是名牌产品也很难避免。如果客户对该品牌的忠诚度较高,当出现质量问题时,他们会采取宽容、谅解和协商解决的态度,不会由此失去对它的偏好。相反,如果客户对品牌的忠诚度较低,当出现质量问题时,他们会深感自己的正当权益被侵犯了,从而会产生强烈的不满,甚至会通过法律方式进行索赔。

测量方法:通过店员观察了解客户购买产品时对出现瑕疵产品的态度来测量客户对产品质量的承受能力。

步骤 6:测算客户购买费用的多少

客户对某一品牌支付的费用比购买同类产品支付的费用总额高,即说明客户购买该品牌的比重大,说明客户对此品牌的忠诚度高。反之,则低。

测量方法:通过对顾客购物小票的统计获取顾客的购买费用、客单价。

步骤 7:按客户的忠诚度对客户进行分类

按客户忠诚度的五种类型对客户进行分类。

测量方法:将取得的数据按客户忠诚的程度划分,并在表格中加以记录。

想一想:客户忠诚度有哪几种类型?

小贴士

客户忠诚度与客户的满意度不同,客户满意度是评价过去的交易中满足客户原先期望的程度,而客户忠诚度则是关注客户再购及参与活动的意愿。在企业经营中,一般来讲客户的利润预期与其停留的时间成正比。失去一个老客户会减少利润,争取到一个新客户会增加利润,它们在给企业带来经济效益方面是反向的。

任务拓展

"爱家"门店客户忠诚度分类表

客户种类	客户人数	忠诚级别	忠诚原因排列
无品牌忠诚者	12700	★	
习惯购买者	5609	★★	
满意购买者	4687	★★★	
情感购买者	1569	★★★★	
忠诚购买者	2300	★★★★★	

技能训练

活动 1:

请到附近门店选择一个顾客流量较多的柜台观察 20 位客户的购物过程,记录他们在选购商品的时间以及行为,并按购物的速度进行排列。

活动 2:

请依据观察情况,对以上 20 位被观察客户的忠诚度进行基础分类。

知识练习

一、选择题(请将选出的答案填在括号内)

1. 客户忠诚度是关注客户(   )的意愿。

A. 再购及参与活动　　　　　　　　B. 购物

C. 满意　　　　　　　　　　　　　D. 以往

2. 失去一个老客户会减少利润,争取到一个新客户会(   )。

A. 对利润影响不大　　　　　　　　B. 对利润无影响

C. 减少利润　　　　　　　　　　　D. 增加利润

3. 客户忠诚是指客户对企业的产品或服务的依恋或爱慕的感情,它主要通过客户的(   )表现出来。

A. 情感忠诚、行为忠诚和意识忠诚　　B. 行为忠诚

C. 意识忠诚　　　　　　　　　　　D. 行为忠诚和意识忠诚

4. 客户购买该品牌的比重大,说明客户对此品牌的忠诚度(   )。

A. 高　　　　　　B. 低　　　　　　C. 一般　　　　　　D. 无

5.（　　）这一层是品牌忠诚的最高境界,消费者不仅对品牌产生情感,甚至引以为傲。

A．情感购买者 　　　　　　　　　　　B．习惯购买者

C．忠诚购买者 　　　　　　　　　　　D．无品牌购买者

二、判断题（请在正确的表述后面用"T"表示,错误的表述后面用"F"表示）

1．客户忠诚度与客户满意度是同一个意思,只是表述不同。（　　）

2．无品牌忠诚者有固定的消费习惯和偏好,购买时心中有数、目标明确。（　　）

3．测算客户挑选时间的长短可以通过统计购物小票的方式。（　　）

4．客户对价格都非常重视,但这并不意味着客户对价格的敏感程度都相同。（　　）

5．客户对某一品牌支付的费用比购买同类产品支付的费用总额如果高,说明客户对此品牌的忠诚度低。（　　）

3.2.2 提升客户忠诚度

任务描述

　　了解了客户忠诚度的测评方法,何经理告诉大家接下来要与客户管理部一起来学习提升客户忠诚度的方法。

作业流程图

提升客户满意 ⟹ 奖励忠诚 ⟹ 增加客户对企业的信任与感情 ⟹ 提高转换成本

图 3-2-3　提升客户忠诚度的工作流程图

知识窗

　　影响客户忠诚的因素有哪些?

　　（1）客户满意度。

　　客户忠诚度和满意度之间有着千丝万缕的关系,一般来说,客户满意度越高,客户的忠诚度就会越高;客户满意度越低,客户的忠诚度就会越低。可以说,客户满意是推动客户忠诚的最重要因素。

（2）客户所获利益。

追求利益是客户的基本价值取向,调查结果表明:客户一般也乐于与企业建立长久关系,其主要原因是希望从忠诚中得到优惠和特殊关照,如果能够得到,就会激发他们与企业建立长久关系。可见,客户忠诚的动力是客户能够从忠诚中获得利益。如果老客户没有得到比新客户更多的优惠,那么就会限制了他们的忠诚,这样老客户会流失,新客户也不愿成为老客户。因此,企业能否提供忠诚奖励将会影响客户是否持续忠诚。

（3）客户的信任和情感。

① 信任因素。由于客户的购买存在一定的风险,因此与企业交易的安全感是客户与企业建立忠诚关系的主要动力之一。客户为了避免和减少购买过程的风险,往往总是倾向于与自己信任的企业保持长期关系。信任是客户忠诚的核心因素,信任使购买行为的实施变得简单易行,同时也使客户对企业产生依赖感。

② 情感因素。企业给予客户的利益,竞争者也同样可以提供类似的利益,但竞争者难以攻破在情感深度交流下建立的客户忠诚。企业与客户一旦有了情感交融,就会使企业与客户之间从单纯的买卖关系升华为休戚相关的伙伴关系。当客户与企业的感情深厚时,客户就不会轻易背叛,即使受到其他利益诱惑也会掂量与企业感情的分量。

（4）客户的转换成本。

转换成本指的是客户从一个企业转向另一个企业需要面临多大的障碍或增加多大的成本,是客户为更换企业所需付出的各种代价的总和。

转换成本可以归为以下三类:一类是时间和精力上的转换成本,包括学习成本、时间成本、精力成本等;另一类是经济上的转换成本,包括个人关系损失成本、金钱损失成本,还有一种是情感转换成本。如果客户从一个企业转向另一个企业,会损失大量的时间、精力、金钱、关系和感情,那么,即使目前他们对企业不是完全满意,也会三思而行,不会轻易转换购买。

 任务实施

何经理带着同学们开始了他们提升客户忠诚度的实施计划。

想一想:满意与忠诚之间是什么关系?

步骤1:提升客户满意

客户越满意,忠诚的可能性就越大,而且只有最高等级的满意度才能实现最高等级的忠诚度。何经理告诉大家:"在进行客户满意的评估中发现,不仅满意与再购买意愿相关,而且完全满意的客户的再购率是满意客户的六倍。"为了追求客户完全满意,精品店承诺在客户购物后一年内,如果有任何不满意,门店保证为其更换类似的产品,一切费用由门店承担,这样就确保了客户愿意持续忠诚门店。

步骤 2:奖励忠诚

门店想要赢得客户忠诚,就要对忠诚客户进行奖励,奖励的目的就是要让客户从忠诚中受益,得到更多的实惠,让三心二意者得到"鞭策",从而使客户在利益驱动下保持忠诚。首先,要废除一切妨碍和不利于客户忠诚的因素。其次,要采用多购买多优惠的办法促进客户长期重购、多购。最后,还要增加奖励忠诚的配套措施。

想一想:为什么要奖励忠诚?

步骤 3:增加客户对企业的信任与感情

在增加信任方面,门店要树立"客户至上"的观念,想客户所想,急客户所急,解客户所难,帮客户所需,以自己的实际行动取得客户的信任。要提供广泛并值得信赖的信息(包括广告),当客户认识到这些信息是值得信赖并可接受的时候,门店和客户之间的信任就会逐步产生并得到强化。要重视客户可能遇到的风险,然后有针对性地提出保证或承诺,并切实履行,以减少他们的顾虑,从而赢得他们的信任。要尊重客户的隐私权,使客户有安全感,进而产生信赖感。要认真处理客户投诉,如果企业能够及时、妥善地处理客户的投诉,就能够赢得客户的信任。

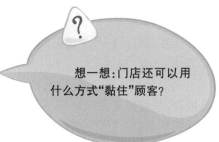

想一想:为什么要增加客户对企业的感情?

在增加客户对门店的感情方面,门店应当积极地与客户进行定期或不定期的沟通,进行拜访或者经常性的电话问候,了解他们的想法和意见,邀请他们参与门店的各项决策中,让客户觉得自己很受重视。此外,门店还应当时刻留意客户需求的变化,不断地满足和超越客户的期待,给他们意外的惊喜。

步骤 4:提高转换成本

一般来讲,如果客户在更换品牌或门店时感到转换成本太高,或客户原来所获得的利益会因为更换品牌或企业而损失,或者将面临新的风险和负担,这时就可以加强客户的忠诚,可以用会员待遇、购物奖励等多种方式"黏住"顾客。

想一想:门店还可以用什么方式"黏住"顾客?

> **小贴士**
>
> 日本最大的企业形象设计所兰德社的社长曾评论:松下电器和日立电器在质量、价格等方面并不存在什么差别,可有的客户之所以只购买松下电器(或日立电器),只是因为他更喜欢这家公司。美国人维基·伦兹在其所著《情感营销》一书中也明确指出:"情感是成功的市场营销的唯一的、真正的基础,是价值、客户忠诚和利润的秘诀。"企业只有真正站在客户的角度,给客户以关怀,与客户建立超越经济关系之上的情感关系,才能赢得客户的心,赢得客户的忠诚。
>
> 例如,企业实行累计优惠计划,那么频繁、重复购买的忠诚客户,就可以享受奖励,而

如果中途背叛、放弃就会失去眼看就要到手的奖励,并且原来积累的利益也会因转移而失效,这样就会激励客户对企业的忠诚。客户一旦转换将不得不再花时间、金钱、精力去学习新品牌的使用方法。这样,客户就会在更换品牌时慎重考虑,不会轻易背叛,而会尽可能地忠诚。

任务拓展

用会员卡"黏住"顾客

乐购(TESCO)超市公司是英国最大的食品超市公司之一,该公司实施 9 年的忠诚计划——"俱乐部卡"(club card),帮助公司将市场份额从 1995 年的 16％上升到了 2003 年的 27％,成为英国最大的连锁超市集团。乐购的"俱乐部卡"被很多海外商业媒体评价为"最善于使用客户数据库的忠诚计划"和"最健康、最有价值的忠诚计划"。

1. "俱乐部卡"是一种消费代金券。

"俱乐部卡"的积分规则十分简单,客户可以从他们在乐购超市消费的数额中得到 1％的奖励,每隔一段时间,乐购就会将客户累积到的奖金换成"消费代金券",邮寄到消费者家中。这种方便、实惠的积分卡很快激起了很多家庭的兴趣。据乐购自己的统计,"俱乐部卡"推出的头 6 个月,在没有任何广告宣传的情况下,就取得了 17％左右的"客户自发使用率"。

2. "俱乐部卡"还是超市客户的数据库。

在超市价格战火如荼的时候,乐购并没有陷入价格战、加大客户返还奖励等误区之中。乐购通过客户在付款时出示"俱乐部卡",掌握了大量翔实的客户购买习惯数据,了解了每个客户每次采购的总量,主要偏爱哪类产品、产品使用的频率等。乐购英国总部的经理克莱夫说:"我敢说,乐购拥有英国最好、最准确的消费者数据库,我们知道有多少英国家庭每个星期花 12 英镑买水果,知道哪个家庭喜欢香蕉,哪个家庭爱吃菠萝。"

在英国,有 35％的家庭加入了乐购"俱乐部卡"计划。据统计,有 400 万家庭每隔三个月就会查看一次他们的"俱乐部卡"积分,然后冲到超市,像过圣诞节一样疯狂采购一番。

3. 利基俱乐部。

通过软件分析,乐购将这些客户划分成了十多个不同的"利基俱乐部",比如单身男人的"足球俱乐部"、年轻母亲的"妈妈俱乐部"等。"俱乐部卡"的营销人员为这十几个分类俱乐部制作了不同版本的"俱乐部卡杂志",刊登最吸引他们的促销信息和其他一些他们关注的话题。一些本地的乐购连锁店甚至还在当地为不同俱乐部的成员组织了各种活动。

目前,"利基俱乐部"已经成为一个个社区,大大提高了客户的情感转换成本(其中包括个人情感和品牌情感),成为乐购应对行业竞争对手有效的竞争壁垒。

技能训练

活动 1:

请你给一五一拾日用精品店(或你家附近的门店)设计一份提升客户忠诚度的方案。

活动 2:

请设计一款与乐购"俱乐部卡"(club card)类似的提高客户忠诚度的工具。

知识练习

一、选择题(请将选出的答案填在括号内)

1. 影响客户忠诚度的因素有客户满意度、( )、客户的信任和情感、客户的转换成本。

A. 客户所获利益   B. 客户购物动机

C. 客户购物习惯   D. 客户购物目的

2. 客户满意度越高,客户的忠诚度( )。

A. 越高   B. 越低   C. 不变   D. 时高时低

3. ( )不属于提升客户忠诚度的方法。

A. 提升客户满意   B. 频繁致电客户

C. 奖励忠诚   D. 增进企业对客户的信任与感情

4. 客户忠诚的动力是客户能够从忠诚中获得( )。

A. 信息   B. 机会   C. 利益   D. 优先权

5. 转换成本指的是客户从一个企业转向另一个企业需要面临多大的障碍或增加多大的成本,是客户为更换企业所需付出的各种代价的( )。

A. 一半   B. 总和   C. 大部分   D. 不到二分之一

二、判断题(请在正确的表述后面用"T"表示,错误的表述后面用"F"表示)

1. 客户满意是推动客户忠诚的最重要因素。( )

2. 提升客户忠诚度就要对客户一视同仁,不能区别对待。( )

3. 与企业交易的安全感是客户与企业建立忠诚关系的主要动力之一。( )

4. 转换成本包括时间成本和精力成本两种。( )

5. 追求利益是客户的基本价值取向,因此能否提供忠诚奖励将会影响客户是否持续忠诚。( )

模块 3.2 客户忠诚度管理

⚙ 综合技能实践

测评客户忠诚度

一、实训内容
1. 参加一次门店的提升客户忠诚度的实施工作。
2. 运用本模块所学的内容，测评客户的忠诚度并制定提升客户忠诚度的方案。

二、实训目标
通过本次任务的训练，学会测评客户忠诚度并制定提升客户忠诚度的方案。

三、实训过程
1. 明确任务。

将全班分成若干小组，每组 4~6 人，明确本次实训的任务——"测评客户忠诚度"。

2. 制定计划。

通过小组讨论，制定工作步骤，确定相应的工作目标、工作内容、工作方法及人员分工，完成"小组工作计划书"。

小组工作计划书

工作内容	工作步骤	工作目标	工作方法	负责人	完成时间	验收人
复习客户忠诚度的内容						
讨论如何测评客户的忠诚度						
制定提升客户忠诚度的方案						

3. 实施计划。

组织小组参加某门店的提升客户忠诚度的工作并填写"小组活动记录表"。

小组活动记录表

组别：　　　　　　　　　　　　　　　　　活动时间：

门店名称		门店地址	
建立时间		目前规模	
活动的证明人		证明人所在单位	
证明人职务		证明人电话	
参加活动过程简述			
本次活动的感悟			
证明人对活动的评价			

4. 交流分享。

请各小组将活动的情况进行分析和总结,形成一份书面的报告,在班上进行交流汇报,并将最后的小组评分记入"小组活动汇报记录"中。

小组活动汇报记录

小组序号	分享内容	主讲人	评分

四、实训积分账户卡

教师组织填写"任务完成情况评价要素表",对本次实训过程中学生的完成情况进行一个综合评估。

任务完成情况评价要素表

组别：　　　　　　　　　　　　　　　　　　　　学生姓名：

序号	考核点	分值(100分)	得分	累计积分账户
	小组评价	**共30分**		
1	态度与纪律	5		
2	出勤情况	5		
3	参与调研时与人沟通的能力	6		
4	参与讨论的积极性	6		
5	团队合作表现	8		
	本人评价	**共30分**		
6	掌握客户忠诚度的测评方法	15		
7	能正确制定客户忠诚度提升方案	15		
	教师评价	**共40分**		
8	客户忠诚度管理知识的掌握	20		
9	提升客户忠诚度技能的掌握	20		
	本次实训分数小计			

模块 3.3　客户投诉管理

说说看,顾客一般遇到什么情况会投诉?

模块介绍

工作情景图

投诉电话:32751

图 3-3-1　客户投诉管理的工作情景图

学习目标

- 能依据门店客户投诉管理的原则,运用门店客户投诉管理的主要方法和技巧妥善处理客户投诉。
- 能列举门店客户投诉管理的原则,能说出门店客户投诉管理的主要方法和技巧。

在门店发生客户投诉是常有的事,关键是如何管理好客户的投诉,何经理找来了有着丰富管理客户投诉经验的刘师傅,请刘师傅带领同学们学习如何管理客户投诉。

3.3.1　客户投诉识别

任务描述

　　刘师傅带着小张和同学们来到专门接待客户投诉的服务处,说道:"要学习如何处理客户投诉,我们要先学会识别客户投诉。"

作业流程图

图 3-3-2　客户投诉识别的作业流程图

　知识窗

　　1. 客户投诉的内涵是什么?

　　客户投诉是指客户用口头或书面的方式表现出来的不满和抱怨。

　　2. 客户投诉的类型有哪些?

　　(1) 按投诉的严重程度,可分为一般投诉和严重投诉。

　　一般投诉是指投诉的内容、性质比较轻微,没有对投诉人造成大的损害或者投诉人的投诉言行负面影响不是很大的投诉。

　　严重投诉是指投诉涉及的问题比较严重,对投诉人造成了较大的物质上的损失或精神上的伤害,引起投诉人的愤怒使其进而做出不利企业的言行。

　　一般投诉如果处理不当,极有可能演变成严重投诉,相反,如果严重投诉处理得比较有技巧,也可以将其转化为一般投诉。

　　(2) 按投诉原因,可分为产品质量投诉、服务投诉、价格投诉、诚信投诉。

　　产品质量投诉是指投诉人对产品的质量、性能、安全等方面不满意而提出的投诉。

服务投诉是指投诉人对商家提供的售后服务或者是销售员的服务方式、态度等方面不满意而提出的投诉。

价格投诉是指投诉人认为他所购产品或服务价格过高或者物非所值,因而产生的投诉。

诚信投诉是指投诉人因购买产品或服务后,发现其使用价值或感受到的服务并非如售前或售中所宣传、承诺的那样而产生的投诉。

(3) 按投诉行为,可分为消极抱怨型投诉、负面宣传型投诉、愤怒发泄型投诉、极端激进型投诉。

消极抱怨型投诉主要表现为投诉人不停地抱怨、表达着各种不满意,投诉的重心在表达"不满意"。

负面宣传型投诉主要表现为投诉人在公共场合或在除企业外其他人面前负面评论企业的产品、服务等,其投诉的重心在"广而告知"企业的缺陷或不足。

愤怒发泄型投诉主要表现为投诉人情绪激动或失控,投诉的重心在以愤怒、敌对的方式宣泄自己的"不满意"。

极端激进型投诉主要表现为投诉人以极端的方式与企业发生口角或做出一些过激的行为,不达目的决不罢休,这类投诉一般也称为客户冲突。

(4) 按投诉的目的,可分为建议性投诉、批评性投诉、控告性投诉。

建议性投诉主要是指投诉人一般不是在心情不佳的情况下投诉的,恰恰相反,这种投诉很可能是随着对商家的赞誉而发生的,即"尽管现在这样也不错,但如果那样做就会更好"。

批评性投诉主要是指投诉人心怀不满,但情绪相对平静,只是把这种不满告诉对方,不一定要对方做出什么承诺。

控告性投诉主要是指投诉人已被激怒,情绪激动,要求投诉对象做出某种承诺。

三类投诉也不是一成不变的,不被理睬的建议性投诉会进一步变成批评性投诉,进而有可能发展成为控告性投诉。

任务实施

步骤1:认真倾听客户投诉,了解客户投诉的原因

认真倾听客户所描述的信息,并给予积极的回应,同时要做好相应的记录。

接着,我们要了解客户投诉的原因。比如:客户的需求和期望没有得到满足;产品或服务的质量存在问题;客户想帮门店改善及提高;客户想要退款、降价或是索赔;客户的一些误解等,以上都是客户投诉的常见原因。这些投诉会给客户带来不同的影响,包括:影响客户心情的

想一想:客户投诉的原因还有哪些?

好坏;拒绝或减少对产品或服务的使用;不会推荐使用该产品或服务;给客户带来经济的损失;等等。这些会给门店带来声誉的损失、业务的影响、减少利润或收入、业务转到了对手的手中等负面影响。

没有一个门店能完全使客户满意,客户的投诉对于门店来讲是与客户沟通的好机会,同时更是门店在经营管理方面改进的好机会。

步骤 2:真诚地向客户道歉

刘师傅告诉同学们,在道歉时可以这样说:"对给您带来的不便,我代表我店向您表示歉意,或者大热天让您从大老远跑来实在不好意思等。"道歉要恰当合适,不是无原则的道歉,要在保持企业尊严的基础上道歉,道歉的目的一则为了承担责任,二则为了消弭客户的"火气"。

步骤 3:识别客户投诉的类型

可按前面介绍的客户投诉类型分类方法对客户进行分类,比如按投诉原因分为产品质量投诉、服务投诉、诚信投诉、价格投诉,为之后的客户投诉处理工作做准备。

想一想:为什么要识别客户投诉的类型?

小贴士

(1)对于恶意的投诉,应义正辞严,令其立即放弃恶意投诉。如果恶意投诉情节恶劣,或对门店造成不良影响,或对门店销售造成损失,则可直接拿起法律武器,通过法律来解决。

(2)对待客户投诉切忌躲、拖、哄、吓,"躲"躲不住,"拖"拖不掉,"哄"哄不好,"吓"吓不跑,只有认真负责、及时处理,才能让客户满意,真正解决客户的投诉问题。

任务拓展

如何处理好极端激进型和消极抱怨型客户的投诉

应对这样的客户,店员可以采用以下的应对方法:

1. 保持冷静。

客服人员应记住,客户不是对你有意见,而是对产品和服务有意见。客服人员应控制自己的情绪,避免在自己情绪变得不稳定的时候,把矛头直接指向客户本人。

2. 做一个问题解决者。

永远提醒自己:我的工作是解决问题,在处理投诉的时候要解决问题。当你把问题解决了的时候,投诉自然就被化解了。

3. 征求对方意见。

征求意见是为了让客户感受到自己被尊重了,目的是了解客户的实际想法。比如可以这样说:"您看怎么做才会让您满意呀?"

"您觉得怎么处理会比较好啊?"

"您看除了刚才您提了的两点以外,还有没有我们双方都能够接受的建议呢?"

4. 礼貌地重复。

如果客户一直坚持某种无理的要求,则不要跟他说"不行不行"或"你别做梦了"等话语,不要直接回绝,应当明确告诉他你能够做些什么,不断地重复这一点,有礼貌地坚持原则,让客户明白底线在哪里。

5. 寻求帮助。

如果客户变得难以控制或威胁要使用暴力,就应寻求帮助:

(1) 请出上司,客服人员可郑重地对客户说"我想请主管直接与您商谈",获得允许后,交换谈话对象。

(2) 改变接待场所:客服人员恳请客户到某办公室详细诉说,快速解决。(避开公众场所,改变环境,消消气)

(3) 改变商谈时间:以必须先请示领导和要与生产厂商洽谈为由,改变商谈时间。

 技能训练

活动1:

全班分两组,一组列举客户投诉的原因,一组判断客户投诉的类型。

活动2:

访问附近门店,了解客户投诉的类型,学习对客户投诉进行分类。

 知识练习

一、选择题(请将选出的答案填在括号内)

1. 面对客户的投诉,客服人员应该认真(　　　)。

A. 倾听　　　　　　B. 同情　　　　　　C. 思考　　　　　　D. 应对

2. 按投诉目的分,投诉可分为(　　　)、批评性投诉、控告性投诉。

A. 建议性投诉　　　　　　　　　B. 非常建议性投诉

C. 毁灭性投诉　　　　　　　　　D. 非毁灭性投诉

3. 按投诉行为分,投诉可分为(　　　)、负面宣传型投诉、愤怒发泄型投诉、极端激进型投诉。

A. 冷默型投诉　　　　　　　　　B. 非消极抱怨型投诉

C. 消极抱怨型投诉　　　　　　　D. 非冷默型投诉

4. 按投诉原因分,投诉可分为(　　　)、服务投诉、价格投诉、诚信投诉。

A. 建议性投诉　　　　　　　　　B. 产品质量投诉

C. 发泄性投诉　　　　　　　　　D. 批评性投诉

5. 按投诉的严重程度来分,可分为(　　　)和严重投诉。

A. 控告性投诉　　　B. 建议性投诉　　　C. 诚信投诉　　　D. 一般投诉

二、判断题(请在正确的表述后面用"T"表示,错误的表述后面用"F"表示)

1. 严重投诉是指投诉的内容、性质比较轻微,没有对投诉人造成大的损害或者投诉人的投诉言行负面影响不是很大的投诉。( )

2. 对于恶意投诉,商家必须及时处理,使投诉者满意。( )

3. 严重投诉处理得比较有技巧,也可以将其转化为一般投诉。( )

4. 按投诉行为分,投诉可分为产品质量投诉、服务投诉、价格投诉、诚信投诉。( )

5. 建议性投诉、批评性投诉和控告性投诉界限分明,不会相互转换。( )

3.3.2 客户投诉处理

任务描述

如何才能正确地处理客户的投诉,经验丰富的客户服务人员刘师傅在这方面很有心得,同学们在刘师傅的带领下开始学习如何正确处理客户投诉了。

作业流程图

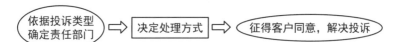

依据投诉类型确定责任部门 ⇒ 决定处理方式 ⇒ 征得客户同意,解决投诉

图 3-3-3 客户投诉处理的作业流程图

知识窗

1. 客户投诉的处理方式是怎样的?

(1)通过调查明确问题发生的原因。在认真倾听和识别投诉类型后应根据投诉的严重性进行评估并做相应的调查。通过细致的调查,明确引起问题的原因后,应及时向客户做出答复。

(2)达成一致的处理协议。在全面关注客户的真实感受,并本着让双方的损失达到最小的基础上,通过与客户协商,与客户达成一致的处理协议,并按协议实施。

(3)跟踪落实。对于承诺客户的协议,一定要跟踪落实到位,以确保在承诺的时间内完成所有承诺的事项。对于门店内部需要进行改进的部分,门店应全面且细致地进行原因的分析,并根据原因制定相应的纠正措施,措施应确保具有可执行性。门店内部还应对纠正措施的有效性进行跟踪,以确保措施得到落实,并能真正预防此类投诉的再次发生。

2. 客户投诉记录表是如何填写的?

客户投诉记录表

NO:

投诉客户编号		投诉日期	2021 年 1 月 15 日
投诉客户姓名	×××	联系电话	159××××××××
投诉内容	购买的奶酪制品标识不清楚,要求更换		
情况核实	投诉属实		
处理意见	同意更换		
处理结果	在该类商品旁增加提醒标识		
客户回访	客户对此处理表示满意		

客户签字:<u>×××</u>

 任务实施

刘师傅说:"客户投诉的处理应先调整投诉人的心情,再处理投诉人所讲的事情,并最终达成一致的处理方案,同时要做好追踪的工作。"

步骤 1:依据投诉类型确定责任部门

确认客户投诉类型之后,还要从客户口述中分析客户投诉的要求,同时分析客户的要求是否合理,以及具体问题属于哪个部门负责,解决投诉前是否有必要同该部门沟通或者向有关上级请示。

步骤 2:决定处理方式

根据客户的投诉内容和投诉分析,依据门店的相关制度,并参考"消费者权益保护法"等相关法律规定,决定解决方法是经济赔偿、以旧换新、产品赔偿、更换配件还是上门维修等。

步骤 3:征得顾客同意,解决投诉

把解决方案告知客户,如客户同意,则把处理意见登记在"客户投诉记录表"上,并让客户签名确认。如果客户不同意,了解争议在哪里,并再次同客户协商解决,不卑不亢,以"息事宁人,保护名誉"为最高原则,尽量满足客户的要求。

> 想一想:为什么在处理投诉前,要先与顾客协商?

小贴士

（1）如果自己确实无法解决客户投诉，则可立即引荐给上层领导解决，以期圆满解决客户投诉。

（2）客户要求确实"太离谱"的话，则可走法律途径，通过法律来解决客户投诉。

（3）客户投诉如在当时无法立即解决，需要向其说明原因和确切解决时间，到时主动约见客户。

（4）对于一些盲目投诉（本来不应该投诉）的客户要详细解释，或操作示范，或专家答疑，或领导接待，动之以情，晓之以理，使其口服心服，同时展示企业的良好形象。

（5）对于客户投诉的地点，应尽量避免在公开场所。

（6）受理投诉以谁受理谁负责为原则，实行"首诉负责制"，如因权力限制可向领导请求授权批准，严禁推诿扯皮。如有售后服务等专门处理客户投诉的部门，需直接把客户投诉交由专职部门来处理。

任务拓展

客户投诉能为门店带来什么

1. 令人满意的客户投诉处理，可以培养客户的忠诚度。

提出投诉的客户如果问题得到圆满解决，其忠程度会比从来没有抱怨过的客户要高，门店有效地解决投诉，会让客户有信赖感，能够为门店赢得客户的忠诚。

2. 客户投诉可以促进门店成长。

客户的投诉是用另一种方式告诉门店存在的不足，如果门店认真对待客户的投诉，及时解决存在的问题，门店就会在这个过程中获得成长，所以客户的投诉是对门店的促进，而并非为难。

3. 巧妙处理客户投诉可以帮助门店提升形象。

客户的投诉如果得到圆满的解决，能使客户重新对门店产生信任，增强了客户对门店的满意度，这在不知不觉中宣传了门店，提升了门店的形象。

4. 客户投诉可以帮助门店发现隐藏的商机。

客户的投诉让门店了解到消费者的真实想法，这对于门店来讲是非常宝贵的信息，门店能从中发现产品存在的问题和不足，发现表面看不到的商机。

技能训练

活动 1：

××综合超市采取大量的促销方式来吸引顾客，发放赠品是其中一个较有效的方式。

7月16日，顾客苏小姐看到××超市刊登的广告：买一包大包的 A 品牌抽纸，另外送三小包，比她日常购买要便宜许多。趁周末休息，苏小姐顺便来看一看。到二楼百货部，日用洗化柜台像往常一样，人潮如涌，促销小姐正殷勤地向顾客介绍。苏小姐过去看了一下 A 品牌抽纸,顺便拿起 B 品牌抽纸看了一看,促销小姐赶紧过来说道:"小姐,A 品牌抽纸这一期促销,还有赠品。"苏小姐回答:"我知道 A 品牌便宜,但想顺便再看一看别的牌子怎么样。""这样吧,您买一包大包 A 品牌抽纸,送您六小包,您到外面拿就可以了。"苏小姐一听,比快讯刊登的广告还合算,就拿了一包。结完账,苏小姐根据顾客服务员的指引,到赠品发放处领取赠品。顾客服务员递给她三小包抽纸,有礼貌地说:"欢迎您下次光临!"苏小姐莫名其妙:"怎么,你们不是说买一包送六小包吗?怎么只赠三小包?你们不是欺骗顾客吗?"于是,苏小姐到投诉处对促销小姐进行了投诉。

想一想,如果你是负责处理投诉的客服,应该如何处理?

活动 2:

顾客李小姐从商场购买了晨光酸牛奶后,马上去一家餐馆吃饭了,吃完饭李小姐随手拿出酸牛奶让自己的孩子喝,自己则在一边跟朋友聊天,突然听见孩子大叫:"妈妈,这里有苍蝇。"李小姐寻声望去,看见小孩喝的酸牛奶盒里(当时酸奶盒已被孩子用手撕开)有只苍蝇。李小姐当时火冒三丈,带着小孩来超市投诉。正在这时,有位值班经理看见便走过来说:"你既然说有问题,那就带小孩去医院,有问题我们负责!"顾客听到后,更是火上浇油,大声喊:"你负责?好! 现在我让你去吃 10 只苍蝇,我带你去医院检查,我来负责好不好?"边说边在商场里大喊大叫,并口口声声说要去"消协"投诉,引起了许多顾客围观。

想一想,如果这时你正巧在边上,你会如何处理?

 知识练习

一、选择题(请将选出的答案填在括号内)

1. (   )是客户用口头或书面的方式表现出来的不满和抱怨。

A. 客户不满　　　B. 客户投诉　　　C. 客户态度　　　D. 客户上诉

2. 客户投诉时(   )显得十分重要。

A. 找销售员　　　B. 找主管　　　C. 认真倾听　　　D. 找证据

3. (   )不属于客户投诉的常规处理流程。

A. 确定责任部门　　　　　　　B. 通知消保委

C. 认定处理方式　　　　　　　D. 征得客户同意解决投诉

4. 客户要求确实"太离谱"的话,则可通过(   )来解决客户投诉。

A. 武力　　　B. 恐吓　　　C. 法律途径　　　D. 要挟

5. 对于承诺客户的协议,一定要(   ),以确保在承诺的时间内完成所有承诺的事项。

A. 跟踪落实到位　　　B. 汇报上级　　　C. 反复确认　　　D. 上报主管部门

二、判断题(请在正确的表述后面用"T"表示,错误的表述后面用"F"表示)

1. 满意的客户投诉处理,并不能培养客户的忠诚度。(　　　)

2. 客户投诉方案确定后,不须与顾客协商,直接处理即可。(　　　)

3. 处理客户投诉时,应站在门店的立场,以企业的利益为先。(　　　)

4. 受理投诉应以谁受理谁负责为原则,实行"首诉负责制"。(　　　)

5. 对于客户投诉的地点,应选在公开场所。(　　　)

模块 3.3 客户投诉管理

⚙ 综合技能实践

处理客户投诉

一、 实训内容

1. 参加一次门店的客户投诉处理工作。

2. 运用本模块所学的内容,处理客户投诉。

二、 实训目标

通过本次任务的训练,学会正确处理客户投诉。

三、 实训过程

1. 明确任务。

将全班分成若干小组,每组 4～6 人,明确本次实训的任务——"处理客户投诉"。

2. 制定计划。

通过小组讨论,制定工作步骤,确定相应的工作目标、工作内容、工作方法及人员分工,完成"小组工作计划书"。

小组工作计划书

工作内容	工作步骤	工作目标	工作方法	负责人	完成时间	验收人
熟悉客户投诉类型						
学习如何正确处理客户投诉						
讲出处理客户投诉的一般流程						

3. 实施计划。

组织小组参加某门店的客户投诉处理工作并填写"小组活动记录表"。

小组活动记录表

组别:　　　　　　　　　　　　　　　活动时间:

门店名称		门店地址	
建立时间		目前规模	
活动的证明人		证明人所在单位	
证明人职务		证明人电话	
参加活动过程简述			
本次活动的感悟			
证明人对活动的评价			

4. 交流分享。

请各小组将活动的情况进行分析和总结,形成一份书面的报告,在班上进行交流汇报,并将最后的小组评分记入"小组活动汇报记录"中。

小组活动汇报记录

小组序号	分享内容	主讲人	评分

四、实训积分账户卡

教师组织填写"任务完成情况评价要素表",对本次实训过程中学生的完成情况进行一个综合评估。

任务完成情况评价要素表

组别: 学生姓名:

序号	考核点	分值(100分)	得分	累计积分账户
	小组评价	共30分		
1	态度与纪律	5		
2	出勤情况	5		
3	参与调研时与人沟通的能力	6		
4	参与讨论的积极性	6		
5	团队合作表现	8		
	本人评价	共30分		
6	能列举处理客户投诉的方式	15		
7	能正确处理客户投诉	15		
	教师评价	共40分		
8	客户投诉管理知识的掌握	20		
9	客户投诉管理技能的提升	20		
本次实训分数小计				

模块 3.4 客户信息管理

在一张大纸上写上全班同学的生日,在班上来一次记生日竞赛,看哪位同学记得最多。

工作情景图

图 3-4-1 客户信息管理的工作情景图

学习目标

● 掌握门店客户信息管理的主要方法。
● 能运用恰当的方法实施门店客户信息管理。

情景描述

在经营"爱家"门店的十几年中,金先生积累了不少的老客户,随着对客户管理知识的了解,金先生更加重视对客户信息的管理,他在客户管理部设置了专门的客户信息管理岗位,由客户信息管理专员来负责客户信息。

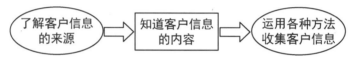

3.4.1 客户信息收集

任务描述

"爱家"门店负责客户信息管理的专员小贺,在"爱家"门店处理这项工作已经有五六年了,她利用信息管理系统,对"爱家"门店的客户实施全面系统的管理,为店里的运营活动决策提供了很多的信息。金先生安排同学们跟着小贺学习如何收集会员信息。

作业流程图

了解客户信息的来源 → 知道客户信息的内容 → 运用各种方法收集客户信息

图 3-4-2 客户信息收集的作业流程图

知识窗

1. 客户信息的概念是什么?

客户信息是指客户的联系方式、客户喜好、客户细分、客户需求等一些关于客户的基本资料。

2. 客户信息的基本内容包括什么?

(1) 客户的基本信息:姓名、性别、年龄、婚否、职业、学历、单位、职务、住址、邮编、电话、手机、电子邮箱、网址、信用程度、家庭成员、家庭经济、个人性格、文化水平、兴趣爱好等。

(2) 购买信息:所购买商品的名称、规格、型号、价格、数量等。

(3) 其他信息:要求、建议、意见、购买过程的长短、选择在本店购买的原因等。

 任务实施

同学们非常好奇小贺是如何获得客户信息的。在门店的客户服务中心,小贺带领同学们开始了收集客户信息工作的学习。

步骤1:了解客户信息的来源

小贺拿出一张卡片,大家一看,原来是一张"客户信息表"。小贺对大家说:"我们了解客户信息最主要的来源就是通过这张'客户信息表',客户加入我们店做会员可以在购物时获得一定的优惠,但在成为会员的同时,我们客服人员会让他们填写这张'客户信息表',从而获得客户的信息。"

步骤 2:知道客户信息的内容

小贺发给每位同学一张"客户信息表",以了解客户信息的具体内容有哪些。

客户信息表

客户编号: 填写日期:

姓名		性别		籍贯		民族	
出生年月		婚否		职业		学历	
住址						邮编	
联系方式	手机		QQ			血型	
	微信		邮箱				
信用程度							
家庭情况							
兴趣爱好							
购买信息							
其他信息							

步骤 3:运用各种方法收集客户信息

小贺向同学们介绍说:"顾客信息收集的方法多种多样,除了入会时填写的'客户信息表'外,适用于门店且成本较低的方法还有这样几种。"

(1)顾客意见调查表,通过让顾客填写顾客意见调查表了解顾客的一些信息。

(2)员工反馈意见,通过员工反馈的意见来收集信息。

(3)现场巡视,通过现场观察了解客户信息。

(4)经营数据分析,可以通过分析经营数据了解客户信息,例如 POS 机上的客户购买商品记录,还有客户购买了多少金额(也称客单价),是分析客户信息的重要数据。

(5)专业资料参考,在各种专业报刊上收集相关数据,例如商报上刊登的购买指数等。

? 想一想:除了这些方法,还有什么方法能收集客户信息?

小贴士

门店必须像了解商品一样了解顾客,像了解库存一样了解顾客的变化,顾客资料收集得越完整,门店为顾客提供的服务空间就越大。

分析顾客购买小票获取客户信息

　　一名 38 岁的女顾客在门店购物近 1 小时,购物小票上显示顾客的购物信息如"顾客消费重点分析表"所示:

顾客消费重点分析表

品类	商品单品名称	规格	占比统计 1	占比统计 2
为孩子购买食品(共计 64.6 元,占本次购买食品总金额的 72.4%)	A 品牌饼干(巧克力味) A 品牌饼干(牛奶味) B 品牌饼干(巧克力味) B 品牌饼干(牛奶味) B 品牌饼干(蓝莓酸奶味) 薯片(天然原味)	60 g,各一包	本次购物花费在孩子身上的金额为 85.1 元,占购物总金额的 55%	本次购物总额为 154.8 元
	薯片(海苔味) 薯片(天然烧烤味) 薯片(柠檬味) 薯片(意大利红烩味)	59 g,各一包		
	散装糕点(多口味) 特级火腿肠 海苔(原味) 麦丽素 果珍	— 80 g×2 根 16 g×1 袋 227 g×1 袋 250 g×1 袋		本次购物食品总计 89.2 元,占购物总额 57.6%
为孩子购买日用平(20.5 元)	洗发露 草本水晶牙膏	200 ml×1 瓶 90 g×1 盒		
家庭用休闲食品(共计 24.6 元)	蛋黄椰酥 特浓牛奶夹心饼干 牛奶香脆饼干 芝麻饼干 柠檬味口香糖 面包(现场制作)	85 g×1 包 130 g×2 包 125 g×3 包 100 g×4 包 15 g×3 条 2 包	本次购买的家庭使用商品共计 69.7 元,占总购物金额的 45%	本次购买的日用百货共计 65.6 元,占购物总额的 42.4%
家庭用纸制品(共计 45.1 元,占本次购买日用品总额的 68.8%)	手帕纸 卷筒卫生纸 卫生纸 抽取式卫生纸 100 抽	10 包 10 卷 200 张/袋 5 盒/组		

从顾客的购买金额上看,该顾客本次购物总金额为 154.8 元,其中食品为 89.2 元,占比为 57.6％,日用品为 65.6 元,占比为 42.4％,给孩子购买生活用品共计 85.1 元,占本次购买总额的 55％。自 2015 年 4 月～9 月,该顾客累计在本门店消费金额 2342.5 元,平均每月约 391 元。该顾客家庭每月用于日常消费开支在 900 元左右(每月家庭总收入 4000～5000 元),在超市的开支占比达 43.4％。

该顾客基本半个月进行一次家庭采购,客单价在 222.5 元左右,本次购买金额为 154.8 元,相对平均水平较低。

食品购买量占该顾客购买商品总额的一半以上,其次就是家居生活使用频率很高的日用品。本次购物中,顾客主要选购了休闲食品和纸制品,结合以前的购物小票分析了解,除了上述这些商品外,顾客还会在超市购买的就是洗涤用品。

从小票中可以看出孩子是家庭消费的重点,在本次购买的商品中,给孩子购买的商品共计 85.1 元,占本次购买总额的 55％,从购物品中看出这家有一个女儿,大约上初中。

从该顾客的购物情况分析,她代表家庭的全部成员采购生活必须品,她是购买的主体,但不一定是决策主体,在购买习惯和商品的选择上,受家庭成员的购买习惯的影响,特别是受女儿影响。

(数据来源于网络资源)

 技能训练

活动 1:

请为一五一拾日用精品店(或你家附近的小超市)设计一份"客户信息表"。

活动 2:

做一次客户观察活动,记录下 10 位客户的购买行为,判断一下其中有几位是家庭主妇。

 知识训练

一、选择题(请将选出的答案填在括号内)

1. (　　)是门店运营决策的重要依据之一。

A. 客户姓名　　　B. 客户信息　　　　C. 客户年龄　　　　D. 客户收入

2. (　　)是指客户联系方式、客户喜好、客户细分、客户需求等一些关于客户的基本资料。

A. 客户知识　　　B. 客户关系　　　　C. 客户信息　　　　D. 客户的购物小票

3. 客户的基本信息中不包含客户的(　　)。

A. 个人隐私　　　B. 个人爱好　　　　C. 个人收入　　　　D. 职业

4. 分析客户的购物小票是(　　)的重要途径。

A. 了解销售　　　B. 了解产品　　　　C. 了解客户　　　　D. 了解价格

5. 通过现场观察了解客户信息的方式称为(　　)。

A. 经数据分析　　B. 专业资料参考　　C. 现场巡视　　　　D. 顾客意见调查

二、判断题（请在正确的表述后面用"T"表示，错误的表述后面用"F"表示）

1. 了解客户信息最主要的来源是"客户信息表"。（　　　）

2. 在客户购物时，询问记录相关的信息，这不是获得信息的途径。（　　　）

3. 在营业中观察或在报刊媒体的报道中找信息是获得客户信息的途径。（　　　）

4. 客户的兴趣爱好不是客户信息要收集的内容。（　　　）

5. POS机上打出的购物小票是客户购买商品的记录。（　　　）

3.4.2　客户信息管理

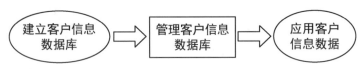

任务描述

门店收集来的客户信息需要整理、分析、存档，这是对客户信息的系统管理，只有通过系统管理，形成基础的数据，才能为促进销售、提升业绩提供有效的信息。小贺告诉同学们："客户信息管理需要细心和耐心。"接着便让大家跟着她一起来学习如何管理会员信息。

作业流程图

建立客户信息数据库 → 管理客户信息数据库 → 应用客户信息数据

图 3-4-3　客户信息管理的作业流程图

知识窗

1. 什么是客户信息数据库？

客户信息数据库是为了所收集的客户数据资料能有助于门店今后实现利润、服务销售、维持客户关系等营销目标，而建立的关于个人或预期客户的综合性信息的集合。

2. 重点顾客有哪几种？

重点顾客有四种：忠诚顾客、好顾客、大顾客、主力顾客。

（1）忠诚顾客是指对本门店忠诚度很高的顾客，这类顾客在惯性消费下对本店忠心不二。

（2）好顾客是指购物主要讲求便利性、时效性的顾客，购物时与门店的配合度高，议价空间大的顾客。

（3）大客户是指采购数量大，在节庆日会给门店带来很大收益的顾客。

（4）主力顾客是指掌握每一段消费高峰的主力顾客。

任务实施

小贺打开了自己的电脑,向大家介绍如何进行客户信息管理。

步骤1:建立客户信息数据库

门店一般把一次交易在一定数额之上、多次重复购买的老顾客定位为自己的目标客户,这类客户往往对门店的忠诚度高,是门店利润的主要来源。门店一般在第二个月的第一周前将上月收集的顾客资料输入电脑存档,并在每月固定的一天打印一份给运营部。

步骤2:管理客户信息数据库

客户的基本资料和购买时间、商品类别是建立资料详尽的客户数据库时必须输入的参考资料,重点客户的基本情况、制造机会、追踪服务、强化客情关系是顾客数据管理的重点所在。

因为客户的情况是不断变化的,客户的资料需要不断地维护,所以客户的资料需要不断地调整。若发现客户资料有异动时,要立即填写"客户异动卡",及时删除旧的或已经变化了的资料,补充新的资料,对客户的变化要进行跟踪,使客户的资料管理保持动态性。

想一想:目标客户跟一般客户的区别在哪里?

想一想:客户信息数据管理为什么那么重要?

步骤3:应用客户信息数据

当建立了完整、真实的客户信息数据库后,门店就可以利用这些掌握的客户资料,有的放矢地举办各种有助于提高门店形象、吸引顾客、增加销售量的有关活动。

小贴士

客户资料要有专人负责管理,客户资料要严格保密,对客户资料的利用和借阅要严格管理。

 任务拓展

利用客户信息开发新的客户

1. 让老顾客介绍新顾客。门店选择老顾客作为自己的宣传者,通过口头推介、电话、信件等各种方法推荐门店新产品或营销活动,这样可以挖掘到更多的新顾客。

2. 电话营销。为了和老顾客保持一定的联络,同时为潜在客户提供本店的销售信息,以吸引新顾客的光顾。

3. 可以对门店所在的商圈内的企业、事业单位、机关宣传或推介门店商品。

4. 有关联的门店之间相互交换客户的资料,共同举办活动宣传门店,开发客源。

 技能训练

活动 1:

了解附近超市的顾客分类情况,并填写"××超市重点客户分类表"。

××超市重点客户分类表

重点客户类型	特点	数量	对门店销售的贡献
忠诚客户			
好客户			
大客户			
主力客户			

活动 2:

利用以上表格数据,设计一个针对主力客户的门店宣传活动。

 知识训练

一、选择题（请将选出的答案填在括号内）

1. 利用客户信息数据库可以拓展(　　　)。

A. 新产品　　　　　B. 竞争对手　　　　　C. 新客源　　　　　D. 新渠道

2. (　　　)是重点顾客中对门店忠诚度最高的顾客。

A. 忠诚顾客　　　　B. 主力顾客　　　　C. 大客户　　　　D. 好客户

3. 客户信息管理是(　　　)的基础。

A. 应用客户信息　　B. 了解竞争对手　　C. 打击竞争对手　　D. 开拓营销渠道

4. (　　　)是为了所收集的客户数据资料能有助于门店实现利润、服务销售、维持客户关系等营销目标,而建立的关于个人或预期客户的综合性信息的集合。

A. 客户信息表　　　B. 销售系统　　　　C. 调查问卷　　　　D. 客户信息数据库

5. 应用客户信息数据不包括(　　　)。

A. 针对性营销　　　　　　　　　　B. 开发客户

C. 向其他门店提供信息资源　　　　D. 给客户送惊喜

二、判断题（请在正确的表述后面用"T"表示,错误的表述后面用"F"表示）

1. 一旦进入客户信息数据库,数据就不能改变。(　　　)

2. 重点客户中不包括好客户。(　　　)

3. 主力顾客就是采购量大的客户。(　　　)

4. 客户资料需要专人维护。(　　　)

5. 应用客户信息数据来设计营销方案是营销的有效途径。(　　　)

模块 3.4　客户信息管理

⚙ 综合技能实践

建立客户分类表

一、实训内容

1. 参加一次门店的客户信息管理工作。

2. 运用本模块所学的内容,协助门店进行客户信息管理。

二、实训目标

通过本次任务的训练,掌握门店的客户信息管理知识和技巧。

三、实训过程

1. 明确任务。

将全班分成若干小组,每组 4～6 人,明确本次实训的任务——"建立客户分类表"。

2. 制定计划。

通过小组讨论,制定工作步骤,确定相应的工作目标、工作内容、工作方法及人员分工,完成"小组工作计划书"。

小组工作计划书

工作内容	工作目标	工作方法	负责人	完成时间	验收人
了解客户信息获得的方式					
整理客户的信息					
建立客户分类表					

3. 实施计划。

组织小组参加某门店的客户信息管理工作并填写"小组活动记录表"。

小组活动记录表

组别:　　　　　　　　　　　　　　　　　　　　　　活动时间:

门店名称		门店地址	
建立时间		目前规模	
活动的证明人		证明人所在单位	
证明人职务		证明人电话	
参加活动过程简述			
本次活动的感悟			
证明人对活动的评价			

4. 交流分享。

请各小组将活动的情况进行分析和总结,形成一份书面报告,在班上进行交流汇报,并将最后的小组评分记入"小组活动汇报记录"中。

小组活动汇报记录

小组序号	分享内容	主讲人	评分

四、实训积分账户卡

教师组织填写"任务完成情况评价要素表",对本次实训过程中学生的完成情况进行一个综合评估。

任务完成情况评价要素表

组别:　　　　　　　　　　　　　　　　　　　　学生姓名:

序号	考核点	分值(100 分)	得分	累计积分账户
	小组评价	共 30 分		
1	态度与纪律	5		
2	出勤情况	5		
3	参与调研时与人沟通的能力	6		
4	参与讨论的积极性	6		
5	团队合作表现	8		
	本人评价	共 30 分		
6	掌握客户信息的获取方法	15		
7	正确进行客户的分类	15		
	教师评价	共 40 分		
8	客户信息管理知识的掌握	20		
9	客户信息管理技能的提升	20		
	本次实训分数小计			

　　一天，金先生对同学们说要给大家讲讲员工管理、安全管理的知识。几个月来，同学们学习了不少关于门店管理的业务，一讲到员工管理、安全管理，各部门的负责人都很重视。金先生一直是商店安全工作的第一负责人，也是员工管理最核心的管理者，他一直非常重视这两项工作。

　　金先生找来了人事部的项部长、负责商品防损的钱主任以及安全保卫部的周部长，向大家说道："人、财、物是门店管理的三大方面，所以店员管理、商品防损防盗管理和安全管理这三项工作绝不可小觑。"

　　听了金先生的话，同学们一下子对这三项工作的学习重视起来，大家拿出记录本准备认真记录每一个工作要点。

导学

1 店员管理 ┏ ▶ (　　　　　)
        ┗ ▶ (　　　　　)

人力资源与安全管理 ── 2 商品防损防盗管理 ┏ ▶ (　　　　　)
                              ┗ ▶ (　　　　　)

3 安全管理 ┏ ▶ (　　　　　)
         ┗ ▶ (　　　　　)

请在学完本项目后，完成以上思维导图中的填空。

模块 4.1 店员管理

试 一 试

请你想一想：门店中不同的工作岗位是不是与店员的性格、爱好存在着内在的联系。

模块介绍

工作情景图

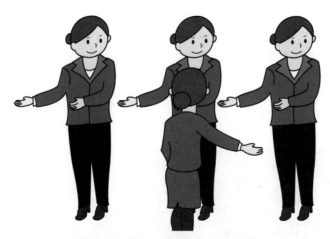

图 4-1-1　店员管理的工作情景图

学习目标

● 能依据岗位要求及店员的能力、性格，协助店长进行人员安排；能依据考勤制度协助店长做好员工的日常考勤管理；能依据岗位说明书的内容协助店长做好员工绩效的考核。

● 能准确解释岗位说明书的内容；能列举考勤制度的主要内容；能列举员工考勤制度的主要方法；能列举门店对于人员绩效考核的相关规定。

在金先生的店里,每个月都会有一次最佳店员的评选活动,拿到最佳店员称号的店员第二个月的工资可以上浮 10%,连续三个月都拿到最佳店员称号的店员,上浮的 10% 可以转为固定工资,因此,店员们的工作热情很高。人事部项部长对同学们说:"管理会产生生产力,不仅对物质管理是这样,人管理好了同样也可以产生生产力。"于是,同学们同项部长一起开始学习起了门店的人员管理工作。

4.1.1　岗位管理

任务描述

"学习人员管理的第一步是了解门店的岗位设置,知道每个岗位工作的职责是什么。"项部长接着说:"下面我就告诉大家如何进行岗位管理的工作。"

作业流程图

了解岗位说明书的内容 ⇒ 门店各岗位的职责 ⇒ 员工岗位的配置

图 4-1-2　岗位管理的作业流程图

知识窗

1. 门店员工的工作岗位有哪些?

门店员工除店长和店长助理外,前店的工作岗位有:营业员、理货员、防损员、客服、收银员等,后店的工作岗位有美工、仓库管理员等。

2. 岗位说明书的内容是什么?

(1) 岗位基本信息。

岗位基本信息也称为工作标识,包括岗(职)位名称、岗位编号、姓名、所属部门、直接上级、职等职级等。

(2) 工作内容描述。

这是最主要的内容,此栏详细描述该职位所从事的具体工作,应全面、详尽地写出该岗位所要做的每一项工作,包括每项工作的综述、活动过程、工作联系和工作权限。同时,在这一项中还可以同时描述每项工作的环境和工作条件,以及在不同阶段所用到的不同工具和设备。

(3) 任职资格。

此处描述担任这一岗位所须具备的条件。

(4) 责权范围。

① 责任:此项工作所担负的职责和应当按时完成的任务。

② 权力:一定的工作岗位要承担一定的责任,必须要有相应的支配权力。

3. 门店员工的岗位职责是什么?

(1) 店长的岗位职责。

① 制定并分解门店销售计划,完成个人销售任务,同时带领团队完成销售任务。

② 掌握当地市场的竞争和消费习惯,及时向总部反映掌握的情况。

③ 进行门店运营分析,提出有助于完成销售目标的建设性意见。

④ 每月及时提供准确的商品盘点数据和商品销售统计分析。

⑤ 总结门店销售情况,及时提供门店赢利分析。

⑥ 主持门店的例会,并对导购人员进行培训与辅导。

⑦ 制定培训计划,并对导购人员进行培训与辅导。

⑧ 监督导购员日常工作纪律,对违反有关规范的人员进行处理。

⑨ 对导购员进行业绩评估和考核。

⑩ 对新上市产品、滞销产品、促销产品进行合理地调整或进行相应处理。

⑪ 监督和管理产品陈列、物品摆放、店面卫生、人员形象、POP布置等方面的形象维护工作。

⑫ 负责门店固定资产和设备的日常维护与保养,保证设备的正常运行。

⑬ 做好门店的安全、卫生管理工作,处理营业现场遇到的特殊情况。

⑭ 处理顾客的现场或电话投诉与抱怨,对需要厂家协调处理的投诉事件及时通知总部相关负责人。

⑮ 配合公司开展各种营销活动,提升品牌的知名度和美誉度。

(2) 营业员的岗位职责。

① 用心接待每一位顾客,与店长和同事一起完成本店的销售目标。

② 为每一位顾客提供高品质的服务。

③ 定期电话跟踪目标顾客,并说服顾客购买产品。

④ 做好顾客的售前、售中和售后工作。

⑤ 耐心处理客户的抱怨和投诉并做好投诉记录。

⑥ 获取并反馈竞争对手的信息、顾客信息及其他信息。

⑦ 随时维护门店形象,确保门店形象良好。

⑧ 认真填写各项资料(CRM及日报)。

⑨ 积极向店长提出建设性建议。

⑩ 保护现场产品安全。

⑪ 严格遵守门店行为规范。

⑫ 按期完成商品的盘点工作,提供准确无误的数据资料。

⑬ 不断学习、掌握产品知识和销售技巧,提高销售能力。

⑭ 必要时协助同事接待顾客。

任务实施

步骤 1:了解岗位说明书的内容

项部长拿出一本门店岗位管理的册子,同学们看见上面写着几个大字"爱家门店岗位说明书",项部长告诉大家:"这本册子是店员管理的基础,门店人员的招聘和培训都是以它为指南的呢。"

> ?
>
> 想一想:岗位说明书对门店重要么?

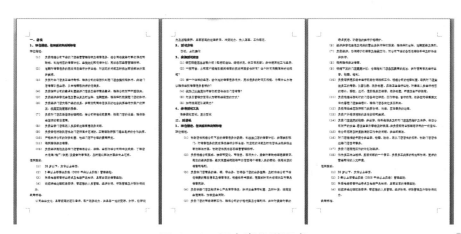

图 4-1-3　门店岗位说明书

步骤 2:门店各岗位的职责

项部长把岗位说明书翻到营业员职责这一页,告诉同学们:"要做好门店人员的岗位管理工作,必须了解清楚门店内各岗位的职责。"

> ?
>
> 想一想:店长和店员在职责上有什么不同?

步骤 3:员工岗位的配置

在门店岗位管理工作中,门店的岗位安排不仅依据员工的能力,同时更需要依据员工的特长和性格。一般来讲,营业员岗位的员工需要外向的性格和较流利的言辞表达能力,善于交流,能积极与人沟通。而收银岗位的人员却需要细心内向的性格和细致耐心的习惯以及擅长计算的能力。不论哪个岗位都需要有高度的责任心和认真的工作态度。

> ?
>
> 想一想:为什么要依据员工的特长和性格安排合适的门店岗位?

> **（1）** 招聘人员之前必须进行岗位工作分析，以此编制岗位工作说明书，其目的是为门店的招聘录用、工作分派、签订劳动合同以及职业指导等现代企业管理业务，提供原始资料和科学依据。
>
> **（2）** 进行岗位工作分析通常使用的方法有：问卷调查、总结分析、员工记录、直接面谈、观察法等。

任务拓展

某门店营业员的岗位说明书（摘选）

一、职位描述、任职要求和录用标准

1. 岗位描述：

（1）负责对所辖区域的促销员进行协助管理，以达成销售任务及主推任务为目标。

（2）有责任督促促销员、临时促销员执行门店的各项销售政策等，对促销员、临时促销员有损门店信誉的言行有制止、检举、上报的义务。

（3）通过自己的商品知识、服务技巧完成上级下达的阶段性的销售任务。

（4）根据所辖区域及临近区域促销员缺岗的情况及时补岗，保证在各区域范围内的每一位顾客都能得到优质的服务。

（5）严格按照分部价格指令书执行，杜绝违规操作。

（6）熟练掌握主推商品的独特卖点，完成主推商品的销售任务。

（7）根据主任的指令，完成下市淘汰商品、滞销商品及残次品的销售任务。

（8）维护门店利益，防止漏柜。

（9）对门店内的突发事件、顾客争吵等问题应主动上前劝解，平息矛盾，并带领顾客到客服部协商解决，不得影响正常营业。

（10）负责本区域的卫生，确保本区域各项指标符合公司的相关规定。

2. 任职要求：

（1）30岁以下，中专以上学历，相貌端正、形象佳。

（2）具有较强的沟通交际能力。

（3）有责任心和较强的服务意识。

（4）身高：女性160 cm以上、男性170 cm以上。

（5）有大型门店工作经验者优先。

3. 录用标准：

认同企业文化，客户服务能力较好，具有较高的团队意识，适应工作时间。

二、面试方法

口试、上机操作。

三、实操面试题目

（1）请应聘者简单自我介绍（包括现住址、婚姻状况、学习情况等），并详细阐述工作经历。

（2）一般而言，从和客户接触到最终完成销售需要多长时间？这个时间周期怎样才能缩短？

（3）讲一个这样的经历：给你定的销售任务很艰巨，完成任务的时间又很短，你用什么办法以确保达到销售任务目标？

（4）如何配合门店主任及店长达成销售任务？

（5）如何管理促销员来提高销售量？

四、参考面试工具

情景模拟面试、压力面试。

 技能训练

活动 1：

学习"爱家门店岗位说明书"，说说你在门店中想担任什么岗位，并讲讲这些岗位的要求。

活动 2：

对照岗位要求，说说自己小组的同学各适合被安排什么岗位。

 知识训练

一、选择题（请将选出的答案填在括号内）

1. 为了更好地进行门店的岗位定位，需要门店制定（　　　）。

A. 门店说明　　　　B. 门店岗位职责表　　C. 岗位说明书　　　D. 门店手册

2. 了解各岗位的（　　　）是做好岗位管理的基础。

A. 职务　　　　　　B. 职责　　　　　　　C. 职位　　　　　　D. 职称

3. 在安排店员岗位时，主要依据他们的（　　　）、特长和性格。

A. 考试态度　　　　B. 身高　　　　　　　C. 能力　　　　　　D. 外貌

4. 岗位说明书的主要内容有（　　　）、工作内容描述、任职资格、责权范围。

A. 自我推荐　　　　B. 岗位基本信息　　　C. 收入范围　　　　D. 门店介绍

5. 岗位说明书是（　　　）的依据。

A. 安排员工　　　　　　　　　　　　　B. 招聘员工和培训员工

C. 绩效考核　　　　　　　　　　　　　D. 调整岗位

二、判断题（请在正确的表述后面用"T"表示，错误的表述后面用"F"表示）

1. 门店前店的工作岗位有美工、仓库管理员等。（　　　）

2. 岗位基本信息也称为工作标识。（　　　）

3. 门店中的营业员只有岗位责任，没有岗位权力。（　　　）

4. 细心、内向的人更适合担任营业员。（　　　）

5. 不管在门店担任何种职务,都需要有高度的责任心和认真的工作态度。(　　)

4.1.2　绩效考核

任务描述

　　为了进一步健全绩效考核的激励约束机制,通过绩效考核对员工进行客观、公正地评价,给予员工与其贡献相应的激励,真正把员工的工作业绩与收入挂钩,激发员工的工作热情,提高工作效率,金先生门店建立了一套完善的绩效考核体系,让我们一起来了解这个体系的具体内容吧!

作业流程图

门店员工考核的类型 ⇒ 员工考核的标准 ⇒ 员工考核结果的处理

图 4-1-4　绩效考核的作业流程图

知 识 窗

　　1. 什么是绩效考核?

　　绩效考核是指门店运用特定的标准和指标,对员工的工作行为及取得的工作业绩进行评估,并运用评估的结果对员工将来的工作行为和工作业绩产生正面引导的过程和方法。

　　2. 绩效考核的作用有哪些?

　　(1)挖掘问题。

　　绩效考核包括绩效目标设定、绩效要求达成、绩效实施修正、绩效面谈、绩效改进、再制定目标的循环,这也是一个不断发现问题、改进问题的过程。

　　(2)分配利益。

　　与利益不挂钩的考核是没有意义的,员工的工资一般都会分为两个部分:固定工资和绩效工资。绩效工资的分配与员工的绩效考核得分息息相关,所以一说起考核,员工的第一反应往往是绩效工资的发放。

　　(3)促进成长。

　　绩效考核的最终目的并不是单纯地进行利益分配,而是促进企业与员工的共同成长。通过考核发现问题、改进问题,找到差距进行提升,最后达到双赢。

　　(4)人员激励。

通过绩效考核,把员工聘用、职务升降、培训发展、劳动薪酬相结合,使得企业激励机制得到充分运用,这有利于企业的健康发展。同时,对员工本人来说,也便于建立不断自我激励的心理模式。

 任务实施

项部长带着同学们来到了人事部,让同学们了解门店的绩效考核工作是如何开展的。

步骤1:门店员工考核的类型

考核一般分为平时考核、年终考核两种。

1. 平时考核。

(1)每月店长对于所属员工应就其责任心、工作态度、工作绩效和考勤状况等方面进行严格考核,逐项认真填写"绩效考核表",并送上级主管复审。对有特殊功过者,应随时报请奖惩。

(2)员工考勤情况应附于请假记录簿内,为考核提供参考。

2. 年终考核。

(1)员工于每年年底举行总考核一次。

(2)考核时,店长会参考平时考核记录、人事记录中的假勤记录及"绩效考核表",统计该工作年度该员工每个月的表现,然后送上级主管复审。

(3)考核结果与工资、职务晋升挂钩。

想一想:为什么要对员工进行考核?

步骤2:员工考核的标准

项部长告诉同学们:"员工的考核标准有业绩考核、能力考核和态度考核。"

(1)业绩考核:主要参照月度工作计划并依据工作目标进行考核。

(2)能力考核:通过员工的工作行为,观察、分析、评价其具备的工作能力。

(3)态度考核:通过员工日常工作的表现和行为,考察其工作责任感和工作态度。

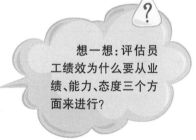
想一想:评估员工绩效为什么要从业绩、能力、态度三个方面来进行?

考核内容与权重见下表:

考核内容	权重	综合考核得分
业绩考核	70%	
能力考核	20%	业绩×70%+能力×20%+态度×10%
态度考核	10%	

员工工作业绩评估表

编号：

姓名		工作岗位	
单位名称		部门名称	
考核期	＿＿＿＿年＿＿月—＿＿＿＿年＿＿月		
工作概要			

工作效果评价					
序号	工作目标计划	重要性基数（100 分制）		考评项目	得分
1	第一周工作内容			达标率（　　%）：	
2	第二周工作内容			达标率（　　%）：	
3	第三周工作内容			达标率（　　%）：	
4	第四周工作内容			达标率（　　%）：	
被考核者签名		直接主管签名		部门主管签名	
备注	1. 工作目标计划参照部门月度工作计划内容 2. 考核结果须到人力资源部备案				

员工工作能力评估表

编号：

姓名		工作岗位	
单位名称		部门名称	
考核期	＿＿＿＿年＿＿月—＿＿＿＿年＿＿月		

能力考核项目	权重	考核要点	评分
知识、技能	20%	1. 基础知识和专业知识 2. 工作经验 3. 工作技能	
逻辑思维能力	20%	1. 对岗位工作内容的理解 2. 对上级下达的指示的理解 3. 分析、归纳和总结能力 4. 洞察能力以及判断的失误率	
创新能力	20%	1. 促销手段创新 2. 销售技巧创新 3. 合理化建议被采纳数	

续　表

能力考核项目	权重	考核要点	评分
人际沟通能力	20％	1. 上下级、同事之间沟通 2. 部门之间的沟通与协调	
表达能力	20％	1. 口头表达能力 2. 文字表达能力	
总得分：			
被考核者签名		直接主管签名	部门主管签名
备注	考核结果须到人力资源部备案		

员工工作态度评估表

编号：

姓名		工作岗位	
单位名称		部门名称	
考核期	_____年___月—_____年___月		
考核项目	考核要点		评分
纪律性 25％	是否严格遵守工作纪律，很少迟到、早退、缺勤		
	对待上级、同事、外部人员是否有礼貌，注重礼仪		
	是否严格遵守工作汇报制度（口头、书面），按时完成工作报告		
团队协作 25％	工作是否充分考虑他人处境		
	是否能够主动协助上级、同事和下属的工作		
	是否努力使工作气氛活跃、协调，充满团队精神		
敬业精神 25％	工作是否热情饱满，且能经常提出合理化建议		
	对分配的任务是否能主动、积极地完成		
	是否积极学习与业务相关的知识，不断提高业务技能		
	是否积极参加公司组织的各类培训		
	是否敢于承担责任，不推卸责任		
奉献意识 25％	以公司和组织的目标和利益为先，不计较个人得失		
	不搞部门本位主义，坚持事业部全局观点		
总得分			
被考核者签名		直接主管签名	部门主管签名
备注	考核结果须到人力资源部备案		

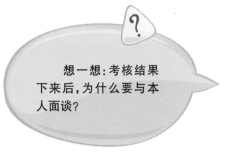

想一想:考核结果下来后,为什么要与本人面谈?

步骤 3:员工考核结果的处理

员工考核的核心是结合工作计划和目标,由上级对下属的工作进行监督和指导,对其在工作思路和绩效改进上提供帮助。因此,每次考核结束后,考核者应当与被考核者进行考核面谈,加强双向沟通。

考核面谈应做到以下几点:

(1)让被考核者了解自身工作的优、缺点。

(2)对下一阶段工作的期望达成一致意见。

(3)讨论、制定双方都能接受的书面绩效改进和培训计划。

小贴士

除考核外,鼓励门店员工提升业绩的方法还有以下几种:

(1)通过文化感召力、企业的人文关怀让员工有归属感、安全感,继而提升其对企业的忠诚度,自觉自发地提升自我业绩。

(2)通过不间断的培训,强化门店人员的业务能力和水平,在考核后及时指导门店找出问题点和短板,帮助员工提升和改善。

(3)强化企业的管理政策,保证门店管理的合理性,及时调整不合理的管理政策,使得门店管理始终具有生命力。

考核仅仅是一种手段,而并非全部。在日常的管理行为中,除了在周期内的考核外,如何辅导门店、强化培训、完善管理制度都可以帮助门店员工提升业绩,而不仅仅是让员工感觉到公司是为了考核他们,为了达成销售任务而雇佣他们的。因此,需要在考核之外找出能够激励员工业绩提升的方式也很重要。

 任务拓展

"爱家"门店的员工考勤制度(部分)

一、考勤管理制度

1. 考勤方式及对象。

(1)除总经理外,全体员工均作为考勤对象,一般上下班均须走员工通道进行打卡,办公室打卡两次/天。门店员工按班次打卡。

(2)出差的人员凭"因公出差申报单"记录考勤。

(3)考勤统计由行政人事部前台于每月初统计,经审批后报绩效专员计算工资,复核后交财务审核发放。

(4)特殊人员不参与打卡的必须总经理签名批准,否则必须打卡。

2. 工作时间。

（1）上班时间（根据门店的具体情况而定）：如 AM 09：30—12：00、PM 12：30—18：00。

（2）各部门休息期间必须有人轮流值班，值班期间有紧急情况的，门店可根据实际情况，另行制定上班时间，上报行政人事部审批备案。

（3）门店每天上班时间的餐饮时间一般为每次 45 分钟，并在非营运高峰时间分批享用。

（下略）

二、处罚规定

（1）上班串岗、离岗者作警告处分，严重影响工作者记过，对门店造成较大损失者作辞退处理。

（2）工作时间内接待亲友或利用当班时间处理私事者作警告处分。

（3）上班时在门店聊天、嬉戏、姿势不规范或在集体组织学习（部门会议）时开小会、吃东西、打瞌睡等不集中精神参加者记警告。

（4）工作时间精神不振，行为散漫的，口头警告仍不改正者作警告处分。

（5）未经部门主管批准私自换班者，记警告。

（6）在卖场、办公室、仓库吸烟，在上班时听收录机、看报纸、干私活、打私人电话记警告。

（7）开门前 2 分钟未做好营业准备工作者（如：现场清理、备好零钞、打扫卫生、商品陈列、备好服务工具等）记警告。

（8）吃饭排班时不服从主管安排，吃饭超时、误时者除记警告外，误时时间按迟到处理。

（9）两班交接时，随意提早离岗且未做好交接工作者记警告。

（10）未及时缴交单据，或发生丢单、错单、漏单者，除按财务单据管理规定扣款处罚，记警告。

技能训练

活动 1：

上网查询门店绩效管理方面的指标。

活动 2：

试制作一份一五一拾日用精品店（或你家附近便利店）的员工绩效考核表。

知识练习

一、选择题（请将选出的答案填在括号内）

1.（　　）指门店运用特定的标准和指标，对员工的工作行为及取得的工作业绩进行评估。

A．销售管理　　　　B．运营管理　　　　C．人员定位　　　　D．绩效考核

2.（　　）是要参照月度工作计划并依据工作目标进行考核。

A．业绩考核　　　　B．能力考核　　　　C．态度考核　　　　D．技能考核

3. 绩效考核的作用包括挖掘问题、（　　　）、促进成长和人员激励。

A. 提高福利　　　　　　B. 分配利益　　　　　　C. 解决矛盾　　　　　　D. 引进人才

4. 每年年底进行的总考核称为（　　　）考核。

A. 技能　　　　　　　　B. 知识　　　　　　　　C. 平时　　　　　　　　D. 年终

5. 考核的内容一般有业绩考核、能力考核和（　　　）考核。

A. 技能　　　　　　　　B. 态度　　　　　　　　C. 知识　　　　　　　　D. 体能

二、判断题（请在正确的表述后面用"T"表示，错误的表述后面用"F"表示）

1. 绩效考核仅是对取得的工作业绩进行评估。（　　　）

2. 绩效考核的目的是运用评估的结果对员工将来的工作行为和工作业绩产生正面引导。
（　　　）

3. 绩效考核的结果一定要与分配挂钩。（　　　）

4. 绩效考核的最终目的并不是单纯地进行利益分配，而是促进企业与员工的共同成长。
（　　　）

5. 绩效考核可以帮助员工建立不断自我激励的心理模式。（　　　）

模块 4.1　店员管理

⚙ 综合技能实践

制定门店员工绩效考评表

一、实训内容

1. 参加一次门店的员工绩效考评表制定工作。

2. 运用本模块所学的内容,协助制定门店员工绩效考评表。

二、实训目标

通过本次任务的训练,掌握店员管理知识。

三、实训过程

1. 明确任务。

将全班分成若干小组,每组 4～6 人,明确本次实训的任务——"制定门店员工绩效考评表"。

2. 制定计划。

通过小组讨论,制定工作步骤,确定相应的工作目标、工作内容、工作方法及人员分工,完成"小组工作计划书"。

小组工作计划书

工作内容	工作目标	工作方法	负责人	完成时间	验收人
学习门店员工管理制度					
找出员工绩效考评的因素					
制定员工绩效考评表					

3. 实施计划。

组织小组参加某门店的员工绩效考评表的制定工作并填写"小组活动记录表"。

小组活动记录表

组别：　　　　　　　　　　　　　　　　　　活动时间：

门店名称		门店地址	
建立时间		目前规模	
活动的证明人		证明人所在单位	
证明人职务		证明人电话	
参加活动过程简述			
本次活动的感悟			
证明人对活动的评价			

4. 交流分享。

请各小组将活动的情况进行分析和总结,形成一份书面报告,在班上进行交流汇报,并将最后的小组评分记入"小组活动汇报记录"中。

小组活动汇报记录

小组序号	分享内容	主讲人	评分

四、实训积分账户卡

教师组织填写"任务完成情况评价要素表",对本次实训过程中学生的完成情况进行一个综合评估。

任务完成情况评价要素表

组别:　　　　　　　　　　　　　　　学生姓名:

序号	考核点	分值(100 分)	得分	累计积分账户
	小组评价	共30 分		
1	态度与纪律	5		
2	出勤情况	5		
3	参与调研时与人沟通的能力	6		
4	参与讨论的积极性	6		
5	团队合作表现	8		
	本人评价	共30 分		
6	能说出员工和店长的工作职责	10		
7	能找出员工绩效考评的因素	10		
8	能制定员工绩效考评方案	10		
	教师评价	共40 分		
9	店员管理知识的掌握	20		
10	店员管理技能的掌握	20		
	本次实训分数小计			

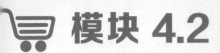

模块 4.2 商品防损防盗管理

怎样来鉴别鱼是不是新鲜，你能想到几种方法？

生鲜食品的损耗也是超市食品损耗的一个重要部分，这个游戏是考考你是否有防损意识哦！

图 4-2-1 生鲜食品的防损

工作情景图

图 4-2-2 商品防损防盗管理的工作情景图

学习目标

● 掌握门店商品耗损产生的原因；能清楚说出门店中容易发生偷窃事件的场所。

● 能针对具体原因制定防损的方法；学会对偷窃事件的防范和处理；能制定有效的门店防盗措施。

情景描述

金先生参加了一个行业的防损会议，回来后非常兴奋，他把主管防损工作的钱主任找过来,一起讨论如何应用新的理念和方法做好防损管理工作。金先生在经营管理中一直都非常重视防损工作,他认为做好防损防盗能有效地堵住管理方法上的漏洞,是增加经营效益的重要途径之一,并且他要把这方面的知识和技能教给同学们。

4.2.1　商品防损

任务描述

今天,钱主任带同学们和柜台经理一起来制定不同区域的防损措施。在开始这项任务之前,钱主任语重心长地对同学们说:"每年全世界零售业商品耗损高达1600亿美元,在我国,这一数字也高达250亿人民币,很多超市虽然有营业额,但是由于商品耗损很高,最终导致歇业,如果能把2‰以上的耗损率降低到1‰,经营利润可以增长100%。"小张他们第一次意识到防损这么重要,认认真真地跟着钱主任开始学习商品防损。

作业流程图

图4-2-3　商品防损的作业流程图

 知识窗

1. 什么是商品损耗?

所谓的"商品损耗",是卖场接受进货时的商品零售值与售出后获取的零售值之间的差额。例如:如果某一超市收到了价值1000元的零售商品,完全售出后超市只实现了900元的收入,那么就存在10%的损耗,商品的价值减少了100元。

2. 损耗是怎样计算的?

损耗金额 ＝ 库存的实盘金额 － 库存的账面金额 ＋ 期间库存调整额

损耗率 ＝（损耗金额 ÷ 未税销售额）× 100%

3. 什么是残损商品?

残损商品是指商品在流通过程中发生破损、短缺、质次、超保质期而不能正常销售的商品。

任务实施

钱主任告诉同学们："不少人以为'损耗'是由于盗窃造成的,也有人认为损耗是由于商品损坏所致,实际上损耗的原因有很多,在进行防损管理时首先要找到损耗的原因。"

步骤1:查找损耗的原因

1. 店员偷窃。

店员偷窃有多种表现形态,如:内部勾结、监守自盗、直接拿取货款、利用上下班时间直接拿取商品等。比如,在上海的家乐福超市就发生过:家电部的几位资深店员利用他们对地理环境的熟悉,内外勾结、监守自盗时间长达半年之久,造成高达几十万元的经济损失。

2. 店员工作不规范。

宣传单上的价格与价格卡不符;商品调价没有及时更新;店员没有明确的分工,导致仓库损耗。

3. 收银员行为不当造成损耗。

比如:收银员与顾客关系好,故意漏扫部分商品;商品特价时期已过,但收银员仍以特价销售;等等。

4. 商品变质、损坏。

(1) 商品由于包装损坏等原因导致变质;商品因过期而无法销售。

(2) 商品在店面陈列过程中,由于陈列的方法不当引起商品损耗,比如,放的位置不佳引起倒塌,或被过往顾客的推车碰撞而引起损坏。

5. 收货验收过程中未发现在运输途中损坏的商品。

由于收货时未能仔细验货导致的商品损耗。

6. 供应商行为不当造成的损耗。

供应商误交供货数量;以低价商品冒充高价商品;擅自夹带商品;随同退货商品夹带商品;与店员勾结实施偷窃;等等。

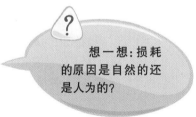

想一想:损耗的原因是自然的还是人为的?

7. 顾客的不当行为或偷窃造成的损耗。

顾客随身夹带商品;顾客不当的退货;顾客在购物过程中将商品污损;顾客将包装盒留下,拿走里面的商品;等等。

同学们在钱主任的带领下,去寻找自己门店中的商品损耗原因。

步骤2:采取措施,防止损耗

同学们把发现的损耗问题一一向钱主任汇报,钱主任拿出门店制定的防损管理办法,与同学们按类对照查找,看看是哪些方面没有做到位。

1. 店员偷窃。

对策:加强内部店员管理,防止店员偷窃。

(1) 针对店员偷窃行为制定专门的处罚办法,公布于众,严格执行。

(2) 对店员在上下班期间购物情况要严格规定,禁止店员在上班时间去购物或预留商品。

(3) 店员在休息时间所购商品应有发票和收银条,以备保安人员验收检查。

2. 店员作业不规范。

对策:加强店员作业管理,规范店员作业的流程。

(1) 部门主管应给店员以明确的分工,每天开店前做好准备工作,如检查宣传单上的价格与价格卡是否相符、商品调价情况等。

(2) 安排专门人员进行监督,使仓库管理规范化,减少仓库里的损耗。

3. 收银员行为不当造成损耗。

对策:要严格规定收银员的作业纪律,并制定相关的处罚条例,严格执行。

4. 商品变质、损坏。

对策:应注意检查商品的保质期,要科学、合理地陈列商品。

5. 收货验收过程中未发现在运输途中损坏的商品。

对策:在收货过程中应认真仔细地检查。

6. 供应商行为不当造成的损耗。

对策:规范供应商行为,注意检查。

(1) 供应商退货时,必须详细记录和检查。

(2) 供应商更换损坏商品时,须有退货单或先取得提货单,经部门主管批准后方可退换。

(3) 供应商送货后的空箱必须打开,纸袋则要折平,以免偷带商品出店。

7. 顾客的不当行为或偷窃造成的损耗。

对策:加强管理,注意顾客行为。

(1) 禁止顾客携带大背包或手提袋购物,请其把背包或手提袋放入服务台或寄包柜。

(2) 顾客携带小背包入店时,应留意其购买行为。

(3) 派专门人员加强对卖场的巡视,尤其留意死角和多人聚集处。

(4) 对贵重物品或小商品要设柜销售。

(5) 定期对店员进行防盗教育和训练。

> **想一想**:为什么不同的损耗,处理方法不同?

步骤 3:残损商品的处理

对于发现的残损商品,钱主任告诉大家处理的方法有以下几点。

(1) 商品由于包装破损且不可重新包装,食品因变质、过期等原因无法销售,应及时填写破损商品标签,经主管确认后,与供应商联系具体索赔事宜。

(2) 凡是质次、假冒伪劣、"三无"商品,或是供货商运输造成破损、短缺和低于临界保质天数的商品,均办理退货或调货。

(3) 可以向供货商退换的商品,由门店及时装箱,由门店人员派专人负责办理退换。对不能退换的残损商品,根据规定的权限,分别做削价或报废处理。

小贴士

一般残损商品的管理为流转环节负责制,即残损商品发生在哪道环节,就由哪个部门负责管理。门店一定要严格执行残损商品的审核、申报、处理程序,并适当使用处理权限,避免在处理残损商品时给店铺造成二次损失。

任务拓展

门店各环节的防损

1. 商品盘点环节的防损。

（1）对高损耗的商品进行定期、连贯的盘点。

（2）制定所有店内商品的盘点策略，盘点的目的是核对电脑里的库存量和商店里实际库存是否一致。

（3）及时做无销售商品报告及负数库存报告。

（4）做好价格变更的报告。

（5）每隔 2～4 周扫描、检查门店所有的商品，查看是否有短缺、损耗，做到心里有数。

2. 商品陈列区的防损。

（1）摆放区域是否标准。

（2）陈列区域是否标准。

（3）商品货架的摆放是否标准与安全。

（4）是否按先进先出原则放置。

3. 收银过程中的损耗控制。

（1）按收银程序收银。

（2）照顾到每位顾客，注视对方，微笑问好。

（3）注意购物车底部的包装与封口。

（4）检查隐藏商品，必要时开箱检查。

（5）防止偷换条形码。

（6）注意商品的销售单位。

（7）弄清不在系统中的商品是否在销售。

（8）扫描价格不一致的商品，填写条形码问题表，并及时反馈解决。

（9）学会使用收银机识别各种假钞。

（10）学会使用银行卡。

（11）运用"3 米问候"防止偷窃。

技能训练

活动 1：

帮助你家附近的一家门店找找防损的漏洞。

活动 2：

为找出的防损漏洞提出改进计划。

知识练习

一、选择题（请将选出的答案填在括号内）

1. 内部勾结、监守自盗、直接拿取货款、利用上下班时间直接拿取商品等是（　　）。

A. 顾客盗窃　　　　　　　　　　　　B. 店员偷窃

C. 供应商盗窃　　　　　　　　　　　D. 外人盗窃

2. 供应商更换损坏商品时，须有退货单或先取得提货单，经（　　）批准后方可退换。

A. 总经理　　　　　　　　　　　　　B. 服务部

C. 大客户　　　　　　　　　　　　　D. 部门主管

3. 对贵重物品或小商品要（　　）销售。

A. 设保险柜　　　　　　　　　　　　B. 设柜

C. 密封　　　　　　　　　　　　　　D. 装盒

4. （　　）是指商品在流通过程中发生破损、短缺、质次、超保质期而不能正常销售的商品。

A. 退货商品　　　　　　　　　　　　B. 过期商品

C. 残损商品　　　　　　　　　　　　D. 偷窃商品

5. 供应商送货后的空箱必须打开，纸袋则要折平，防止（　　）

A. 计数错误　　　　　　　　　　　　B. 偷带商品出店

C. 重复使用　　　　　　　　　　　　D. 损坏商品

二、判断题（请在正确的表述后面用"T"表示，错误的表述后面用"F"表示）

1. 偷窃损耗是指顾客的偷窃。（　　）

2. 收银员漏扫商品会造成损失。（　　）

3. 商品陈列跟损耗没有关系。（　　）

4. 注意检查商品的保质期是防止损耗的重要手段。（　　）

5. 扫描价格不一致的商品，应及时反馈解决。（　　）

4.2.2　商品防盗

任务描述

同学们在防损部实习期间，通过对不同问题的走访发现：在损耗原因中盗窃占了很大的比例。根据2009年全美全国零售业的防范调查数据显示：盗窃在损耗中的比例占到了78%。如何防范、抓住这些"老鼠"也是同学们此行的必修课。同学们跟保卫部的周部长一起来学习商品防盗。

作业流程图

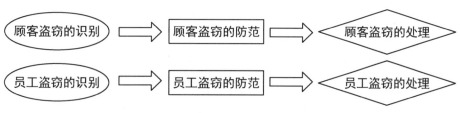

图 4-2-4　商品防盗的作业流程图

知识窗

1. 顾客的哪些行为属于偷盗？

(1) 顾客利用衣服、提包等藏匿商品，不付账带出超市。

(2) 顾客更换商品包装，用低价购买高价的商品。

(3) 顾客在大包装商品中，藏匿其他小包装的商品。

(4) 顾客未付账白吃超市中的商品。

(5) 顾客更换商品的标签，以达到少付款的目的。

(6) 顾客与店员相互勾结，进行盗窃活动。

(7) 盗窃团伙的集体盗窃活动。

2. 顾客防盗的原则是什么？

"宁可漏，不可错"是维持门店工作正常进行、维护门店形象和声誉的首要防盗原则。

任务实施

周部长说："在正常经营的情况下，门店商品的失窃率高于 5‰时，门店经营就不能正常发展了，这也是一些大型超市、购物广场把防盗工作作为重点工作的直接原因，所以，超市防盗工作的好坏，也直接地体现了其管理水平。"

步骤 1：顾客盗窃的识别

顾客在选购商品的时候，一般是不慌不忙、平心静气地对商品的"三期"、"三址"等进行一系列的了解，选择他所需要的、接近他消费水平的商品。而小偷则不同，他们选择商品时，心不在焉，东张西望，以选择商品为掩护，观察四周的动静，看是否有机可乘。与顾客相比，他们往往会在商场中东溜西窜，以寻找商场无人的角落对商品进行藏匿，而后若无其事地走出收银口，所以他们在选购商品时显露出很强的随意性。

想一想：小偷行为与顾客行为有何不同？

步骤 2：采取顾客防盗措施

1. 便衣安全员。

值班人员（经理、店长、保安）穿便衣在店内巡防是有效防止和发现顾客盗窃的有利手段，他们的隐蔽性好、专业反扒能力强，是超市强有力的防盗队伍。

2. 超市的防盗系统。

超市的防盗系统有：

（1）超市的防盗安全门系统。

（2）超市的监视系统。

（3）超市张贴的各种警示标语。

（4）超市商品采用的安全标签。

（5）超市的广播。

3. 员工防盗意识的教育。

"防盗不仅仅是安全员和安全部的事情，也是所有员工的责任。"周部长对同学们说道。超市中要形成人人都是防盗员的风气。如果人人都有很强的防盗意识，小偷成功的机会将大大减少。

> **想一想：为什么防盗人人有责？**

（1）当发现可疑的顾客时，请微笑向着顾客走去，进行整理商品、清洁或补货等工作，或主动同他打招呼，引起注意，从而制止犯罪。

（2）当发现顾客已经有盗窃的种种迹象时，需要不动声色地跟踪，并立即通过电话、对讲机或其他同事，报告给安全部，等待安全员来接替，决不能当面质疑顾客。

步骤 3：顾客盗窃的处理

当导购员或是安全员抓到小偷之后，最棘手的问题可能就是如何处理，处理方法如下：

（1）首先可让其立下字据，将其偷窃行为叙述清楚并签字。

（2）在处理过程中，严禁动手搜身，并注意表达方式。

> **想一想：小偷处理能超越法律的规定吗？**

（3）不要辱骂、殴打小偷，要做好善后的处理，扣留时间不得超过两小时。

（4）根据实际情况进行罚款，而后按门店规定及时给发现小偷的员工奖励，提高其他员工防盗的积极性和主动性。

步骤 4：员工盗窃的识别

员工偷窃的主要行为如下：

（1）直接偷窃超市的商品、赠品、用品。

（2）未按有关程序而故意丢弃超市的商品以逃避责任。

（3）员工与员工或外人进行勾结，策划、协助进行盗窃或参与"一条龙"的盗窃活动。

（4）偷吃超市的商品或未经许可试吃。

（5）利用改换标签或包装，将贵重的商品以便宜的商品价格结账。

（6）未经超市的程序，私自将现场的文具、工具、用具拿来自己使用。

（7）未经过许可，私自使用或占有供应商提供的赠品。

（8）未经正常程序，故意将价格标低，使自己的朋友、亲人受惠。

（9）收银员从收银机中盗窃钱款。

（10）收银员为亲属、朋友等少结账或不结账。

（11）收银员利用其他手段从收银机中盗窃钱款。

（12）利用退货、退款等手段偷窃超市钱款。

（13）员工接受供应商的回扣、礼品、招待、用餐、消费等形式的馈赠。

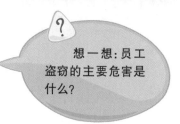

想一想：员工盗窃的主要危害是什么？

步骤 5：员工盗窃的防范

（1）利用早会、例会以及内部刊物和其他活动进行预防教育。

（2）加强人事部对新招聘员工的审查，重要岗位的人员要求有社会知名人士的担保。

（3）建立内部举报制度。

① 内部举报必须以实名为主。对举报者的姓名、内容给予保密。

② 为员工举报提供方便，比如设立举报电话、员工信箱等。

③ 对于举报内容的查证，要认真地在规定的时间内完成。

④ 对于举报经查属实者，要给予相应的奖励（经济和物质）。

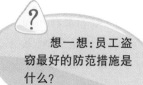

想一想：员工盗窃最好的防范措施是什么？

（4）进行日常的防盗检查。

（5）制定严格的处罚办法并向员工公布，严格执行。

（6）规定员工购物的时间和方式及商品的出入手续，并接受管理人员的检查。

（7）安装电子监视系统。

步骤 6：员工盗窃的处理

（1）发现内盗现象。通过内部举报、监控系统、保安员的监控等手段发现内盗。

（2）证据取证。根据内盗现象，进一步进行取证核实。

（3）确定当事人。确定内盗的当事人，包括盗窃的执行者、各协助者、策划者等。

（4）谈话记录。与当事人的谈话须做好记录，并让其确认、签印。

（5）处罚处理。根据盗窃性质，决定执行门店相应的处罚，但应注意以下几点：

① 无论金额多少，商品多少，一旦确认，一律解聘。

② 超市有权通过合法途径追回被盗物品或要求赔偿。

③ 根据其盗窃行为情节的严重程度和金额的大小，移交司法机关处理。

④ 所有的内盗事件必须在处理后及时在内部曝光，告知所有工作人员，起警示和威慑作用。

⑤ 所有内盗事件的曝光不得公开盗窃者的私人资料。

⑥ 内盗事件的曝光只能在门店范围内进行，不得在公共媒体上发布。

小贴士

（1）"忘记付款"和"盗窃"的区别。

"忘记付款"是指行为人主观上不具有非法占有商品的意图，其行为上未采用隐蔽的方式藏匿和夹带商品，经工作人员提醒主动拿出来付款。"盗窃"是指主观上具有非法占有商品的意图，客观上藏匿商品，经防盗设施检查时仍不主动拿出来的行为。

（2）门店易被偷盗的地方：门店的死角；物品陈列杂乱的场所；照明较暗的场所；防盗设备胡乱设置的场所；店员不闻不问的场所。

（3）门店工作人员不可对偷窃嫌疑人搜身，更不可做罚款处理。在与偷窃嫌疑人进行谈话记录时，最好保证有2人以上的工作人员在场。目前国内有些门店私下实行"偷一罚十"，这是不具备法律效力的。即使是顾客错了，门店也不能以"非法"手段对待"小偷"，擅自处罚。

 任务拓展

EAS 商品电子防盗系统

EAS(Electronic Article Surveillance)又称电子商品防盗系统，是目前大型零售行业广泛采用的商品安全系统之一。EAS 系统主要由三部分组成：检测器（Sensor）、解码器（Deactivator）和电子标签（Electronic Label and Tag）。电子标签分为软标签和硬标签，软标签成本较低，直接黏附在较"硬"的物体上，软标签不可重复使用；硬标签一次性成本较软标签高，但可以重复使用。硬标签须配备专门的取钉器，多用于服装类或柔软的、易穿透的商品。解码器多为非接触式设备，有一定的解码高度，当收银员收银或者装袋时，电子标签无须接触消磁区域即可解码。未经解码的商品带离商场，在经过检测器装置（多为门状）时，会触发警报。

你知道下面这些防盗标签是如何"防盗"的吗？

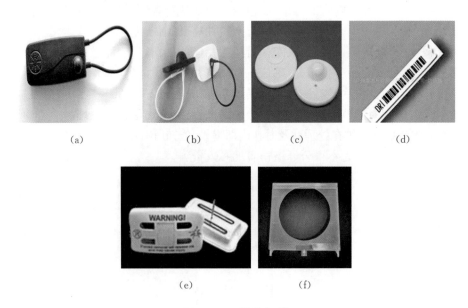

(a)　　　　(b)　　　　(c)　　　　(d)

(e)　　　　(f)

图 4-2-5　防盗标签

技能训练

活动 1:

选择你家附近的一家门店,观察店里有哪些防盗漏洞。

活动 2:

针对找出的这些漏洞,说说有什么办法改进?

知识练习

一、选择题(请将选出的答案填在括号内)

1. 门店盗窃主要分为( )和员工偷窃。

A. 顾客偷窃   B. 厂商偷窃   C. 运输盗窃   D. 保安偷窃

2. ( )又称为电子商品防盗系统,是目前大型零售行业广泛采用的商品安全措施之一。

A. SPSS   B. CRM   C. POS   D. EAS

3. ( )不属于超市的防盗系统。

A. 防盗安全门系统   B. 监视系统

C. 张贴各种警示标语   D. POP 广告

4. ( )不是门店易被偷盗的地方。

A. 门店的死角   B. 照明亮的地方

C. 物品陈列杂乱的场所   D. 店员不闻不问的场所

5. 在与偷窃嫌疑人进行谈话记录时,最好保证有( )的工作人员在场。

A. 1 人   B. 1~2 人   C. 2 人以上   D. 3 人以上

二、判断题(请在正确的表述后面用"T"表示,错误的表述后面用"F"表示)

1. 当场发现顾客偷窃商品时,门店有权实行"偷一罚十"的规定。( )

2. 严格管理小票是防范内盗的方法之一。( )

3. 如果人人都有很强的防盗意识,小偷就会大大减少。( )

4. 忘记付款也属于盗窃行为,应严格处理。( )

5. 不允许供应商人员进入仓库。( )

模块 4.2　商品防损防盗管理

⚙ 综合技能实践

查找防损防盗漏洞

一、实训内容

1. 参加一次门店的防损防盗工作。

2. 运用本模块所学的内容，协助门店查找防损防盗漏洞。

二、实训目标

通过本次任务的训练，掌握门店防损防盗工作的要点。

三、实训过程

1. 明确任务。

将全班分成若干小组，每组 4～6 人，明确本次实训的任务——"查找防损防盗漏洞"。

2. 制定计划。

通过小组讨论，制定工作步骤，确定相应的工作目标、工作内容、工作方法及人员分工，完成"小组工作计划书"。

小组工作计划书

工作内容	工作目标	工作方法	负责人	完成时间	验收人
了解防损防盗的内容					
查找防损防盗的漏洞					
制定防损防盗方案					

3. 实施计划。

组织小组参加某门店的防损防盗工作并填写"小组活动记录表"。

小组活动记录表

组别：　　　　　　　　　　　　　　　　　　　　活动时间：

门店名称		门店地址	
建立时间		目前规模	
活动的证明人		证明人所在单位	
证明人职务		证明人电话	
参加活动过程简述			
本次活动的感悟			
证明人对活动的评价			

4. 交流分享。

请各小组将活动的情况进行分析和总结，形成一份书面报告，在班上进行交流汇报，并将最后的小组评分记入"小组活动汇报记录"中。

小组活动汇报记录

小组序号	分享内容	主讲人	评分

四、实训积分账户卡

教师组织填写"任务完成情况评价要素表"，对本次实训过程中学生的完成情况进行一个综合评估。

任务完成情况评价要素表

组别：   学生姓名：

序号	考核点	分值(100分)	得分	累计积分账户
	小组评价	**共30分**		
1	态度与纪律	5		
2	出勤情况	5		
3	参与调研时与人沟通的能力	6		
4	参与讨论的积极性	6		
5	团队合作表现	8		
	本人评价	**共30分**		
6	熟练掌握防损防盗的内容	10		
7	能找出防损防盗的漏洞	10		
8	能制定防损防盗的方案	10		
	教师评价	**共40分**		
9	商品防损防盗管理知识的掌握	20		
10	商品防损防盗管理技能的掌握	20		
本次实训分数小计				

模块 4.3　安全管理

　　如果有一天晚上,你同家人一起在大商场购物,突然商场停电了,大厅里一片漆黑,你说说商场这时应如何处理?

模块介绍

工作情景图

图 4-3-1　安全管理的工作情景图

学习目标

- 能制定门店常见突发事件的处理预案;能检查异常情况,并运用相应的应急处理方法妥善处理突发事件。
- 能列举门店安全防范的内容和职责;能说出门店常见的突发事件和处理程序。

周一一大早,网上有消息说成都的一家金店遭到一伙不明身份的歹徒的袭击,这件事引起了金先生的重视,金先生的店里要做一次"门店安全事件防范"的演习,同学们在负责人周部长的带领下与大家一起来学习门店安全事件防范。

4.3.1 门店安全事件防范

任务描述

周部长告诉大家:"在面对很多临时发生的意外时,即使平时已有完善的防范措施,仍然会有一些无法控制的不安全因素产生。"周部长接着说道:"因此,为了尽量避免和减少任何财物上的损失及人员的伤亡,安全管理一定要重视事前防范。"让我们一起看看周部长他们是如何开展门店安全事件防范工作的吧。

作业流程图

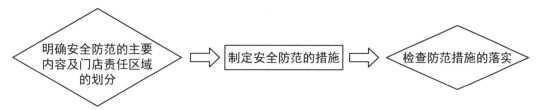

图 4-3-2 门店安全事件防范的作业流程图

 知识窗

1. 什么是门店安全?

所谓安全,是指没有危险、不受威胁、不出事故。所谓门店安全,是指门店及顾客、员工的人身和财物在门店所控制的范围内没有危险,也没有其他因素会导致危险。

2. 什么是门店安全的防范?

门店安全防范是指门店安排专职安全人员以物理、技术手段,预防安全事件的发生。

3. 谁是门店安全防范的责任人?

店长是店面管理第一负责人,也是店面安全工作的总负责人,对店面安全工作负有领导责任。

安全的经营环境是连锁企业门店所有工作顺利开展的前提保证,没有一个安全的购物环境就没有消费者。因此,连锁企业门店的安全管理绝对不能放松,要确保消费者和员工的安全。金先生的门店安全防范工作是从以下几方面开始的。

步骤1:明确安全防范的主要内容及门店责任区域的划分

门店的安全防范包括防火、用电、现金、防水、防盗以及突发事件的预案管理。

店长在安全管理中的主要职责具体如下:

(1)对门店的安全工作全面负责。

(2)具体贯彻落实门店各项安全制度和安全措施,遵守各项安全制度,在组织本店员工工作时,要向员工交待安全防范事项,采取可靠的危机处理措施。

(3)定期组织开展安全检查,及时消除各种安全隐患。

(4)定期对员工进行安全知识培训。

(5)坚持每日班前、班后的安全检查,发现问题及时解决。对解决不了的隐患必须当日上报上级营运部,并设置专项安全检查记录本,做到有记录可查。

(6)发生各种灾害和突发事件要积极组织施救,并及时报警,协助领导调查事故原因,要实事求是,不得隐瞒。

门店员工应遵守的安全管理的职责具体如下:

(1)自觉遵守各项安全制度和操作规范,努力学习安全知识,提高自身的安全意识和安全事故的处理能力。

(2)发现问题及时汇报,并有权制止任何违反安全规章制度的行为。

(3)坚持每日营业前、营业后的安全检查,发现问题及时解决。对解决不了的隐患必须当日上报店长,并设置专项安全检查记录本,做到有记录可查。

(4)发现安全事故后积极救援并及时报警,协助领导调查事故原因,提供情况要实事求是,不隐瞒事实真相。

(5)每日结束营业后,要对门店进行安全检查,切断电源,关闭门窗,废纸随时清理,不在室内存放易燃物品。

> 想一想:为什么店长对门店的安全工作全面负责?

(6)不以任何理由损坏消防栓等各种安全设备,安全责任人须定期检查、更换消防器材。

此外,副店长(或安全保卫部)对整个店面和店面办公室负安全管理责任;督导对本品类的区域负安全管理责任;营业员、促销员、收银员、仓库管理人员对各自负责的岗位区域负安全责任。电工、防损员对整个店面的物业、消防及店外设施负安全管理责任。

步骤2:制定安全防范的措施

1. 防火安全措施。

(1)员工在日常工作及生活中应加强消防安全意识,遵循"安全第一"的原则。

(2)培训员工具备一般灭火常识和简单的避险、救护常识。

（3）严禁用湿毛巾擦拭带电设备及照明灯具。

（4）物品摆放严禁堵塞消防通道，挡住消防器材、电闸，物品与照明灯、电闸、开关之间应保持一定的距离。

（5）设立紧急出口及安全门并随时保持通畅，若该店无其他出口时，则大门口应保持畅通。

（6）灭火器应依消防规定置于各店明显处，设置足量的灭火器并定期检查。

（7）清理垃圾时，应确定其中无火种等易燃物。

（8）门店员工不准在门店抽烟，遇有顾客抽烟时应提醒顾客至指定区域吸烟并注意熄灭烟头。

（9）定期（如：每半年一次）实施消防演习（含灭火器的使用）。

（10）照明设备不可置放于易燃物旁。

（11）可装设火灾感应器（应按相关法规执行）。

2. 用电安全措施。

（1）在工作中使用带电设备、设施或工具时，应按照有关规定操作，严禁危险作业。

（2）全体店员皆应知道总电源开关及灭火器的位置及正确的使用方法。

（3）随时检验插座、插头的绝缘体是否脱落损坏，不准出现裸露电线头的情况。

（4）门店内严禁使用明火，不可乱接乱搭电线或超负荷用电。

（5）店长是各店的安全责任人，发生事故应立刻切断总电源，在安全保卫部的协助下疏散员工和顾客，并将店面情况向上级汇报。

3. 现金安全措施。

（1）门店不应留存大量现金，应做到"日清日结"，每日营业收入应在当天存入门店指定银行账户，未能及时存入银行的，在营业结束后须放入门店保险柜中，并于次日及时存入银行。

（2）收银员当班时，若有事要离开，应将收银机上锁。

（3）设置专人负责管理收银机。

（4）每日清机时，店长必须在场。

（5）定期存款，可根据实际情况安排。

（6）确保要有详细、准确的现金、银行卡及支票的记录。

（7）出现误打、退款、产品退换等情况应请店长处理。

4. 抢劫的防范措施。

（1）安装监视器或安全系统。

（2）大面额的钞票应分开存放或随时投入保险柜内。

（3）尽量保持店内的明亮度。

（4）保持店内外的整齐，确保不凌乱。

（5）不得堆置大量的物品，以免影响店面的能见度。

（6）钱财放置处不要露出太多现金。

（7）不要在顾客面前清点大量钞票。

（8）留意在店外徘徊或鬼鬼祟祟的人。

（9）提高警觉，发觉可疑人物时应迅速通知全体工作人员。

5. 意外伤害的预防措施。

（1）店内、店外打破的玻璃碎片及尖锐的破碎物应立即清扫干净。

（2）受损或有裂痕的玻璃器具应用胶布暂时封住，或暂停使用。

（3）登高必须用牢固的梯子。

（4）不可站到纸箱、木箱或其他较软而易下陷、倾倒的物品上。

（5）抬重物应先将身体蹲下，再边站起边抬起物品，不用背部力量抬起物品。

（6）玻璃柜、压克力柜不可置放过重物品，亦不可将双手、上半身压在其上。

（7）发现走道上有任何障碍物，应立即清除，以免撞到人或使人跌倒。

（8）陈列架、POP架等物品，有突出的尖锐物时，应调整改善，以免伤人。

（9）店内不可奔跑，应小心慢走。

想一想：为什么门店预防措施很重要？

想一想：防范措施为什么需要以检查来落实？

6. 自然灾害的预防措施。

（1）随时了解中央、地方各单位的灾害预报。

（2）了解附近地势及排水设施，并保护畅通。

（3）建筑物天花板、门、窗应定时检查，如有漏水须整修。

（4）注意检查紧急照明设施装置。

（5）确保店内有留守人员并制定紧急联络人名单。

（6）易受破坏的商品、资料、设备等物品应该优先移往安全处。

步骤3：检查防范措施的落实

店长是门店安全工作的全权负责人，须定时监督检查店面安全并责令相关人员整改。员工是门店安全工作的具体负责人，每个人都应该树立良好的安全防范意识。维持一个安全的工作环境是门店每个员工的工作职责。值班店长或安全保卫部协助店长开展门店安全的每日监督检查工作。依照门店安全管理规范进行检查和预防，根据检查结果责令相关人员进行整改，安全执行情况作为员工工作考核的标准之一。各门店每周定期组织安全大检查，店长要定期对员工进行安全知识培训。每月由安全保卫部对门店进行安全管理抽查。

小贴士

（1）火灾只有在可燃物、空气与一定的温度条件之下才会形成，这三项缺一，火灾则无法形成。

（2）常用的灭火器材：

① 泡沫灭火器。这种灭火器适用于普通火灾与油类火灾，使用时将灭火器颠倒并左右摆动，使药剂混合后，产生二氧化碳，并拔去灭火器的插梢，然后用手压开关就会喷出二氧化碳泡沫溶液阻断火源氧气而将火熄灭。

其缺点为容易造成污染,不可用于电气类火灾,每四个月检查一次,药剂一年必须更换。

② 二氧化碳灭火器。这种灭火器适用于油类火灾与电气类火灾,使用的方法是先拔出保险插梢,然后握住喇叭喷嘴前的木质握把,再压下活门开关即受内部高压喷出。每三个月检查一次,重量减少即重新灌充。

其缺点为使用人员极易冻伤。

③ 干粉灭火器。这种灭火器适用于普通火灾、油类火灾和电气类火灾。使用的方法为拆断封条,拔起保险插梢,喷嘴朝向火点并压下压板喷出。每三个月应检查压力表一次,压力表应维持在 150～200 磅,药剂有效时限为三年。

④ 碱化烷灭火器。这种灭火器适用于所有的火灾类型(如:普通火灾、油类火灾、电气类火灾、金属类火灾等),对油类与电气类火灾特别有效,容积小,效果好,不会腐蚀、导电,药剂持久,没有污染。使用方法:将插梢拔出即可。

任务拓展

"爱家"门店每日安全检查表

检查日期:　　　　年　　　月　　　日

检查项目		检查结果 (合格划√,不合格划×, 并注明问题)	备　注
紧急出口	1. 所有紧急出口是否畅通?		
	2. 紧急照明灯插头是否插入电源?性能是否良好?		
灭火器	3. 数量是否符合要求?		
	4. 灭火器是否到位?		
	5. 灭火器指示牌是否挂好?		
	6. 灭火器性能是否良好?		
	7. 灭火器有无过期?		
急救箱	8. 有无放置急救箱?		
	9. 箱内的药物是否齐全?		箱内药物必备:止血贴、纱布、胶布、剪刀、棉签、碘酒、红花油、风油精等
商品安全检查	10. 库存是否依规定管理?		
	11. 电源插座是否牢固? 有无损坏?		

续 表

检查项目	检查结果 （合格划√，不合格划×， 并注明问题）	备 注
12. 电线是否依规定设置？		
13. 样机的管理是否符合规定？		
14. 样机是否性能良好？是否正确操作？		
15. 商品验收作业是否符合规定？		
16. 商品堆放是否符合安全规定？		
17. 下水道是否淤塞？		
18. 收货方法是否符合规定？		
19. 房内有无堆放杂物？		
20. 货币现金管理是否符合要求？		
21. 安全设施是否良好？		
22. 各项记录本是否如实填写？		

 技能训练

活动1：

到你家附近的门店做一次义务安全协助员，查找店内的安全隐患。

活动2：

针对查出的安全隐患写一份安全防范建议书，帮助门店提高安全防范管理工作。

 知识练习

一、选择题（请将选出的答案填在括号内）

1. 火警电话、交通事故报警台、急救电话分别是（　　）。

A. 119　122　120　　　　　　　　　B. 119　110　120

C. 119　120　122　　　　　　　　　D. 110　120　119

2. 灭火器应该放置在（　　）。

A. 隐蔽的地方　　　　　　　　　　B. 易于取用且显眼的地方

C. 库房　　　　　　　　　　　　　D. 柜台

3. （　　）对门店安全工作负有全面的责任。

A. 安全部长　　　　B. 保卫部长　　　　C. 店长　　　　　　D. 店员

4. 门店内（　　）存留大量的现金。

A. 不应　　　　　　B. 可以　　　　　　C. 申请可以　　　　　D. 银行关门了可以

5. 安全防范应以（　　）为主。

A. 制定措施　　　　B. 救护　　　　　　C. 处理　　　　　　D. 预防

二、判断题(请在正确的表述后面用"T"表示,错误的表述后面用"F"表示)

1. 门店安全是门店一切工作的保障。（　　　）

2. 带电设备及照明灯具应使用湿毛巾擦拭。（　　　）

3. 发现走道上有任何障碍物,应立即报告,以免撞到人或使人跌倒。（　　　）

4. 照明设备不可置放于易燃物旁。（　　　）

5. 门店安全防范是指门店安排专职安全人员以物理、技术手段,预防安全事件的发生。
（　　　）

4.3.2 门店突发事件处理

 **任务描述**

当门店遇到了突发事件应如何应对呢? 同学们在门店安全保卫部周部长的带领下同安全防护小组学习处理门店突发事件处理的技巧。

作业流程图

图 4-3-3　门店突发事件处理的作业流程图

知识窗

1. 什么是突发事件?

突发事件是指突然发生,造成或者可能造成严重社会危害,需要采取应急处置措施予以应对的自然灾害、事故灾难、公共卫生事件和社会安全事件。

2. 突发事件的类型有哪些?

(1) 按产生的原因分:

①　自然事件(如:大雨、台风、地震、停电等)。

②　人为事件(如:抢劫、诈骗、内外部纠纷等)。

(2) 按发生的地域分:

①　店内事件:在店内,员工和顾客受到的意外伤害。

②　店外事件:在门店附近,包括停车区域的事故。

3. 突发事件的处理原则是什么?

(1) 预防为主,计划为先:做好日常安全方面的工作,消灭隐患,减少紧急事件的发生。如保持地面无水渍,就可以减少顾客滑倒摔伤的意外事件。

(2) 处理迅速、准确、有序、有重点:发生紧急事件后,首先保持镇静,有序组织事件的处理,安排任务要责任分明,岗位明确,反馈迅速,一切行动听从指挥,随时调整策略以应对情况的变化。

(3) 以人为先,减少伤亡,降低损失:人的生命是最珍贵的,因此所有救援的首要重点是保全和抢救人的生命,其次才是财务损失的减少。

任务实施

金先生的门店进行了一次突发火灾的消防演练,同学们一起参加并学到了不少突发事件处理的知识。周部长告诉同学们:"除了火灾,还有许多其他突发事件的应对措施需要大家学习。"

步骤 1:了解情况,判断突发事件的类型

严重突发事件一般有火灾、抢劫、严重意外伤害、自然灾害、电话恐吓等,当突发事件发生时,我们先要了解具体发生了什么情况,在第一时间报告给店长和安全保卫部门的负责人。

步骤 2:采取相关的处理措施

1. 火灾的应对措施。

(1) 把总电源开关关掉。

(2) 立刻打电话联络消防队。

(3) 若有员工或顾客在场,以疏散所有人员为第一优先,并联系消防单位。

(4) 抢救工作中以本身安全为最优先考虑。

(5) 抢救的金钱、财物、重要资料要有专人负责看管,以防被趁火打劫。

(6) 立刻将状况报告上级营运部经理及总部。

2. 抢劫的应对措施。

(1) 尽量和歹徒拖延时间。

(2) 尽量记住歹徒的特征(如:身高、口音、穿着、身材、体型等)。

(3) 不必试图说服歹徒。

想一想:火灾最重要的是要处理好什么?

想一想:遭遇抢劫时,最关键的应对措施是什么?

（4）以生命财产安全为重要原则，应沉着冷静、机智勇敢。

（5）不要破坏歹徒双手触摸过的物品及设备的现场。

（6）歹徒离开后应立即报警，并尽快通知门店的有关人员。

3. 故意伤害的应对措施。

（1）若受伤害者系门店员工，视情况送医院治疗，并回报上级主管，严重者应通知其家人。

（2）若受伤害者系顾客，若伤势轻微，则先为顾客做简单处理，并由店长赠送小礼物致歉；若需要送医院治疗者，则须通报上级并由上级部门出面并赠送礼物致歉，还应负担医药费。严重者应立即通知其家人。

（3）以抢救为第一优先，不要在现场争吵或追究责任。

（4）要尽快清理，以免影响继续营业，同时预防意外再度发生。

4. 水灾等自然灾害的处理措施。

（1）天灾发生时，先参考政府机关公布的上班规定，但仍应以当日的实际情况为依据，向门店店长确认上班与否。

（2）确认上班后，应与各人员联络，若有人员因不可抗拒的原因无法上班，店长或者值班店长应于上班后，将实际上班人员及未上班人员人数、状况，先通过电话向门店管理部报备，于当日下班时，再书写上班人员报告。

（3）确认不用上班时（若情况严重），店长应至门店查看有无突发状况，如未能亲自到达，可安排就近人员到门店查看。

（4）依天灾状况，通知必要的出勤人员。

（5）将商品、资料、设备等抢救搬运至安全处。

（6）向公司报告最新受损动态。

步骤 3：突发事件的善后工作

（1）及时向上级汇报受损情况。

（2）配合相关单位和部门调查情况、查找原因。

（3）积极恢复营业。

（4）针对疏漏增强防范。

小贴士

（1）事故或犯罪现场要注意保护，应当封锁并安排人员看守现场，布置警戒，维持秩序。

（2）必要的话适时采取紧急措施。

（3）及时了解事件情况，同时要向勘察人员作详尽汇报。

暴雨来临前须进行的安全防范工作

类别	具体内容
暴雨来临前	（1）成立相应的安全防护小组； （2）对门店周围的排水设施进行排查； （3）全面检查商品、设施的防雨、防水状况； （4）将容易受到暴雨损害的公司财产转移到安全的场所
暴雨来临后	（1）安排人员及时排除积水； （2）门店设置防滑措施； （3）加强人员巡逻，防止意外事故发生； （4）将顾客聚集于易于疏散的区域

 技能训练

活动1：

访问一家门店，了解其突发事件的应对措施。

活动2：

参加一次门店的消防演练。

 知识练习

一、选择题（请将选出的答案填在括号内）

1. 发现人员触电时，应采取（　　），使之脱离电源。

A. 立即用手拉开触电人员　　　　　　　B. 用绝缘物体拨开电源或触电者

C. 大声呼救　　　　　　　　　　　　　D. 打119

2. 大型活动现场发生突发事件，若有员工或顾客在场，以疏散所有（　　）为第一优先，并联系相关单位。

A. 商品　　　　　B. 财物　　　　　C. 人员　　　　　D. 设备

3. 遭遇抢劫后，不要（　　）。

A. 破坏歹徒双手触摸过的物品及设备的现场

B. 束手就擒

C. 马上离开

D. 报警

4. 家用电器发生火灾时，在没有灭火器的情况下应该先（　　）。

A. 用水扑救　　　　B. 用毛毯包裹　　　　C. 切断电源　　　　D. 剪断电线

5. 门店出现打人事件并造成人员受伤时,应当(   )。

A. 批评打人者　　　　B. 现场争论　　　　C. 追究责任　　　　D. 抢救为第一优先

二、判断题(请在正确的表述后面用"T"表示,错误的表述后面用"F"表示)

1. 高层建筑发生火灾时,为了尽快逃离火场,我们应该乘坐电梯逃走。(   )

2. 任何单位、个人都有维护消防安全、保护消防设施、预防火灾、报告火警的义务。(   )

3. 门店发生火灾时,门店的现场工作人员有组织、引导在场群众疏散的义务。(   )

4. 配电箱内所用的保险丝越粗越好。(   )

5. 突发事件按产生的原因分,可分为店内事件和店外事件。(   )

模块 4.3 安全管理

⚙ **综合技能实践**

制定门店的突发事件处理预案

一、实训内容

1. 参加一次门店的突发事件预案制定工作。

2. 运用本模块所学的内容，拟一份门店突发事件处理预案。

二、实训目标

通过本次任务的训练，学会制定门店突发事件预案。

三、实训过程

1. 明确任务。

将全班分成若干小组，每组 4~6 人，明确本次实训的任务——"制定门店的突发事件处理预案"。

2. 制定计划。

通过小组讨论，制定工作步骤，确定相应的工作目标、工作内容、工作方法及人员分工，完成"小组工作计划书"。

小组工作计划书

工作内容	工作目标	工作方法	负责人	完成时间	验收人
调研门店的安全管理制度					
了解突发事件处理预案的制定方式					
制定突发事件处理预案					

3. 实施计划。

组织小组参加某门店的突发事件预案制定工作并填写"小组活动记录表"。

小组活动记录表

组别：　　　　　　　　　　　　　　　　　活动时间：

门店名称		门店地址	
建立时间		目前规模	
活动的证明人		证明人所在单位	
证明人职务		证明人电话	
参加活动过程简述			
本次活动的感悟			
证明人对活动的评价			

4. 交流分享。

请各小组将活动的情况进行分析和总结，形成一份书面报告，在班上进行交流汇报，并将最后的小组评分记入"小组活动汇报记录"中。

小组活动汇报记录

小组序号	分享内容	主讲人	评分

四、实训积分账户卡

教师组织填写"任务完成情况评价要素表"，对本次实训过程中学生的完成情况进行一个综合评估。

任务完成情况评价要素表

组别：　　　　　　　　　　　　　　　　　　学生姓名：

序号	考核点	分值(100 分)	得分	累计积分账户
	小组评价	共 30 分		
1	态度与纪律	5		
2	出勤情况	5		
3	参与调研时与人沟通的能力	6		
4	参与讨论的积极性	6		
5	团队合作表现	8		
	本人评价	共 30 分		
6	说出门店安全事件防范的措施	10		
7	说出突发事件处理预案的制定方式	10		
8	能制定突发事件处理预案	10		
	教师评价	共 40 分		
9	安全管理知识的掌握	20		
10	安全管理技能的掌握	20		
本次实训分数小计